HAÏTI : DE L'INDÉPENDANCE À LA DÉPENDANCE

5-7, rue de l'École-Polytechnique, 75005 Paris

http://www.editions-harmattan.fr

ISBN : 978-2-343-24399-3
EAN : 9782343243993

Frantz Douyon

Haïti : de l'indépendance à la dépendance

Nouvelle édition revue et augmentée

Préface de Daniel Holly

L'Harmattan

Ouvrages du même auteur

Sortir du marasme, CIDIHCA, 1994.

Haïti : de l'indépendance à la dépendance, L'Harmattan, 2004 (première édition).

Des Tontons macoutes à la Minustha, la perversion d'un ordre politique individualisé, 2011.

Construire un pays, notions de démocratie, en collaboration avec Adrien Bance et Pierre A. Simon 2012.

L'État haïtien face à la nation haïtienne, anatomie d'un échec, 2013.

Lettres à un ami, propos sur la conjoncture haïtienne, L'Harmattan, 2014.

Démocratie et éthique vaudou en Haïti, L'Harmattan, deux éditions, 2018 et 2020.

Préface de la première édition (2004)

À quelques mois du deux centième anniversaire de l'Indépendance d'Haïti, une question lancinante hante l'esprit devant le délabrement généralisé du pays : comment en est-on arrivé là ? Comment cette terre jadis le joyau de la couronne française, connue pour ses richesses, a-t-elle pu devenir un lieu menacé de désertification accélérée et caractérisée par un sous-développement accusé ? C'est à cette question essentielle et à bien d'autres que Frantz Douyon tente d'apporter des éléments de réponses. Son livre n'est pas un autre livre d'histoire écrit pour célébrer l'évènement (les 200 ans de l'Indépendance). Il est plutôt, à sa façon, une mise en perspective globale de l'histoire nationale, mise en perspective qui nous interpelle. Tout à la fois grille de lecture et diagnostic, il propose des clés pour comprendre le parcours particulier d'Haïti.

Le ton est donné d'emblée, la complicité du drame haïtien interdit tout recours à une approche tronquée ; c'est l'ensemble des facteurs à l'œuvre dans la longue durée qui doit être pris en compte. Tel est ce que nous dit le présent ouvrage pour qui facteurs intrinsèques et facteurs extrinsèques sont également importants dans l'explication de la crise haïtienne. Certes, il a fallu choisir et retenir les plus significatifs élevés dans cette entreprise au rang de repères. Mais l'effort d'élucidation des rapports complexes entre ces facteurs et le cours de l'histoire nationale auquel se livre l'auteur compense largement ce choix. Ce n'en est que plus méritoire et enrichissant.

De tous les aspects du livre on retiendra particulièrement l'attention portée aux pesanteurs culturelles (les facteurs intrinsèques) et à leur place dans l'analyse. Longtemps négligées dans l'historiographie traditionnelle, il était nécessaire, pour une meilleure saisie de la réalité haïtienne, de mettre évidence leur contribution au façonnement de la culture politique haïtienne. Emprise du vaudou, mythe de l'égalitarisme, culture de l'arbitraire, préjugé de couleur... autant de traits qui éclairent les comportements sociaux et politiques de nos concitoyens. Cela est d'ailleurs bien mis en évidence dans la discussion sur le vaudou dont l'influence sur les coutumes politiques ne saurait être niée. On s'en doutait, certes, mais la question a rarement été abordée sous cet angle, le côté mystique /religieux l'emportant généralement sur toute autre considération. On le soupçonne bien : cette façon d'aborder l'étude de l'histoire nationale ouvre des perspectives intéressantes à la réflexion historique et politique. Et, c'est là que réside en partie l'apport de l'ouvrage. Toutefois, l'analyse serait incomplète si elle s'arrêtait là. Le contexte relationnel international (les facteurs extrinsèques) est également une priorité pour l'auteur dans sa quête de sens. Centrée très largement sur les relations financières et les problèmes y afférents, l'analyse dresse un tableau « apocalyptique » – le terme n'est pas exagéré – de la participation d'Haïti aux relations internationales. Les facteurs externes – c'est l'impression générale qui se dégage de la lecture du livre – ont pesé peut-être davantage sur le destin du pays que sur les facteurs internes. Leur influence a-t-elle été déterminante ? Certes oui. L'auteur est formel et son diagnostic, implacable.

Les circonstances entourant l'accession d'Haïti à l'Indépendance entrainent des conséquences néfastes pour le nouvel État. Une indépendance hypothétique, une gestion financière impossible et un État impuissant, tel est le diagnostic de l'auteur au terme de son analyse des facteurs externes. Les rapports avec les centres de pouvoir étranger font en sorte qu'Haïti n'a jamais eu de véritable chance de mettre en place une économie prospère et un État performant. La construction d'un État moderne a été des plus improbables.

Sortie dévastée des guerres de l'Indépendance, boycottée politiquement par les grandes puissances d'alors, Haïti dut accepter de payer une forte indemnité à la France en échange de la reconnaissance de son indépendance. Cette histoire est bien connue. Ce qui l'est moins, c'est la spirale d'endettement catastrophique que l'obligation de tenir ses engagements au titre de cette indemnité crée. Avec une production nationale déficiente et des revenus insuffisants, l'État est vite à bout de souffle et perd pratiquement le contrôle de sa monnaie en dépit de tentatives, parfois désespérées, de s'en sortir. Il se révèle impuissant à contrer les agissements des institutions financières étrangères alliées à des intérêts locaux et à dégager les ressources nécessaires à la modernisation du pays. La corruption et une histoire politique mouvementée aggravent une situation déjà précaire et compliquent la gestion du pays. Dès lors, la crise générale d'aujourd'hui ne devrait pas étonner.

Daniel Holly Professeur titulaire

Département des Sciences politiques Université du Québec à Montréal

Krik Krak,
Avant-propos

Le XIXe siècle va demeurer un point tournant de l'histoire de l'humanité. Il est d'une part le début de l'ère des abolitions de l'esclavage et aussi le début de la colonisation de l'Afrique. Haïti prendra la tête du peloton de l'abolition de l'esclavage. Le succès précoce de son indépendance fera d'elle d'un côté l'exemple à suivre et de l'autre, celui à abattre.

Christophe avait voulu, par la coercition, inculquer rapidement des valeurs d'éducation, de discipline et de fierté à ses sujets. Ses méthodes de commandeur héritées de l'époque esclavagiste contre lesquelles s'était battue la population n'ont pas été appréciées. Il y eut un flux constant de désertion vers la République de Pétion. Ce désaveu permanent finit par aboutir à une mutinerie contre lui d'une partie grandissante de l'armée. Physiquement diminué et probablement mentalement fatigué, la constatation de son échec était devenue insupportable et l'accula au suicide.

Pétion, de son côté, comptait sur le long terme. Sa constitution de 1816 est un modèle de tolérance démocratique et de promotion des libertés civiles. Il n'avait pas le tempérament autoritaire de Christophe pour combattre la corruption et imposer de la discipline à son administration. Ce manque de rigueur lui causa de faire face très tôt à des difficultés financières énormes qui s'aggravèrent avec le temps. Sa gestion du pouvoir était néanmoins appréciée par la population qui pleura le « papa bon cœur » à sa mort.

Boyer aurait sans doute voulu suivre les traces de Pétion en élaborant des codes de procédure pour l'administration de la justice. Mais la signature de la dette de l'indépendance, véritable tribut extorqué par la France, devait enclencher une spirale d'endettement public et une aggravation supplémentaire de la situation financière du pays. Sa longue présidence sera une gestion de la pénurie et de l'embarras financier. « Dekouvri sen pyè pou kouvri sen pol ». Son occupation de la partie est de l'île était inspirée, en plus des raisons stratégiques, par la nécessité, d'après Paul Moral, de trouver de nouvelles terres cultivables pour combler les déficits qui s'accumulaient.

En 1842, Rivière Hérard fonda la Société haïtienne de protection des Droits de l'Homme et du Citoyen. Quand il deviendra président de la République en 1843, sa constitution complètera celle de Pétion. On aurait pu ainsi s'attendre à une consolidation de la République démocratique, l'instauration définitive dans nos mœurs de cet idéal de liberté, de paix et de justice pour tous promis par l'indépendance. Ce que l'on a appelé la Révolution de 1843 a déçu les attentes et cette occasion ratée ne se renouvellera pas.

À partir de ce moment, l'anarchie financière provoquée par la gestion impossible de la dette de l'indépendance va donner naissance à une anarchie politique avec l'entrée en scène des Seigneurs de guerre, les chefs militaires, véritables roitelets locaux, qui vont se disputer le pouvoir, source principale de fortune et de promotion sociale. Un cercle vicieux va s'établir : misère, guerres civiles, instabilité politique, misère, qui va aboutir à l'occupation américaine de 1915.

Depuis, les générations ont passé. Les compétences se sont accumulées. Déjà, celle de 1904, telle que décrite avec enthousiasme et admiration par Dantès Bellegarde, dans son *Histoire du peuple haïtien*, rassemblait une phalange enviable de compétences variées, reconnues, certifiées dans presque tous les domaines. Une classe moyenne valable semblait vouloir se constituer assez rapidement dans le pays. Les générations subséquentes ont suivi avec leur lot de compétences, toujours plus nombreuses, et de mieux en mieux préparées. Elles se sont toutes vite desséchées, blettes, « *chodes* », stériles, dans l'ensemble inutilisées par le pays !

« Notre floraison se fane avant de donner fruits. »

À la veille du deux centième anniversaire de l'indépendance nationale, 1804-2004, certains se sont interrogés sur l'opportunité de célébrer. De courriels en courriels circule une lettre de protestation indignée de Rosalvo Bobo écrite à la veille des célébrations du centième anniversaire, en 1904. Il y a donc cent ans. Cette lettre parait encore tellement d'actualité !

> « Centenaire de nos vices, de nos crimes politiques. Centenaire de tout ce qu'il peut y avoir de plus odieux au sein d'un gouvernement d'hommes. Centenaire de la ruine d'un pays par la misère et la saleté. Centenaire de l'humiliation et de la déchéance, peut-être définitive de la race noire, par la fraction haïtienne, cela s'entend... »

> « Haïti, qui fut voici deux siècles la gloire des peuples noirs, est aujourd'hui à bout de course, exténuée... de ce pays qui s'honorait jadis d'être une terre d'asile pour tout esclave en quête de liberté, on s'enfuit aujourd'hui sur des barques de fortune dont beaucoup sombrent en mer... »

Les peuples qui ont bénéficié jadis de notre appui moral, que nous avons inspirés, qui ont même profité d'une générosité matérielle pour leur accession à l'indépendance nous regardent maintenant avec dédain. Haïti est montrée du doigt à certaines agglomérations de peuple noir qui réclament leur indépendance. On leur dit, voulez-vous être comme Haïti ? Nous avons tout perdu, y compris notre fierté nationale d'antan, « la tête altière et hauts les fronts », n'a plus maintenant de raison d'être pour la présente génération !

La conception et la rédaction de ce livre sont indépendantes de ces considérations notre intention n'est pas de prendre parti. Nous ne sommes pas cependant insensibles à ces troublantes constatations. Nous cherchions à comprendre et l'idée a germé d'examiner et d'exposer de façon systématique une facette de l'évolution du pays vers ce désastre que nous assumons.

Sans chercher d'excuses, nous proposons une explication qui n'est pas une invitation à une démission ni à une condamnation. Elle serait plutôt une invitation à une prise de conscience collective de nos réalités spécifiques, de notre moi identitaire collectif, pour une entreprise de libération nationale et une compartimentation rationnelle de nos différentes sphères d'activités sociales, en limitant et en ne laissant à César que ce qui lui appartient.

Pour suivre cette trajectoire, qui n'est point linéaire, mais conjoncturelle et pour évaluer certaines contingences identitaires, il va falloir commencer au point de départ. Il faut en chercher les prémisses dans la structure sociale de Saint-Domingue, le moule d'où est sortie Haïti. Il faudra sonder l'héritage.

Introduction

Notre floraison se fane avant de donner fruits.
Frédéric Marcelin

Il parait banal de dire qu'Haïti après deux siècles d'histoire n'a pas enclenché un dynamisme interne capable d'initier un décollage économique. On a tant lu, on a tant écrit et répété qu'Haïti est le pays le plus pauvre de l'hémisphère occidental. Après Papa Doc et les Tontons macoutes, Baby Doc, les boat people, le sida, l'embargo, le Prêtre-Président et les autres dirigeants fantoches qui lui ont succédé, le tremblement de terre, Haïti fait souvent la une des journaux.

> « Haïti n'aura pas réussi de faire des fils insurgés de Toussaint Louverture des citoyens libres de la modernité démocratique. Après l'indépendance, Haïti a vécu un processus d'indigénisation des structures coloniales. Il n'y a pas eu de mutations des mentalités et la décolonisation politique a échoué sur toute la ligne. Le phénomène d'intériorisation du passé colonial saute aux yeux à chaque pas que l'on fait en Haïti. Les survivances de l'esclavage abondent dans les mentalités, comme dans les pratiques de la vie en société[1]. »

[1] René Depestre, *Ainsi parla le Fleuve Noir*, Édition Parole d'Aube, 1998, p. 73.

Toussaint Louverture, du haut de son égocentrisme loquace, déclarait que c'est à Saint-Domingue que régnait le véritable Droit de l'Homme !

Pour lui cependant, les Droits de l'Homme les droits de l'Homme se résumaient à la fin de la domination esclavagiste et à l'égalité raciale. Sa constitution de 1801 était une proclamation en force des droits de la collectivité, au détriment des droits individuels ! « On ne pouvait disposer à sa guise de soi-même, et l'usage de la liberté n'autorisait pas de mettre en péril la production dont les bénéfices vont à l'État[2]. » Son objectif se limitait à redonner à Saint-Domingue sa prospérité d'antan, ce qu'il a réalisé, mais il ignorait tout des droits individuels. N'a-t-on pas dit que son caporalisme agraire était l'esclavage sans le fouet !

Le général Leclerc dans une lettre à Bonaparte écrivait que « le règlement de culture de Toussaint est très bon, je n'aurais pas osé en proposer un semblable dans les circonstances actuelles, mais je m'en servirai ». La gestion louverturienne faisait très peu de cas de la dignité de la personne humaine. Les exécutions sommaires à la suite de la guerre du Sud n'inquiétaient pas son âme catholique, de même qu'il n'hésita pas à liquider son neveu Moïse qui avait osé manifester sa dissidence.

Le concept caudilliste du pouvoir louverturien va traverser 1804 dans l'Haïti indépendante. En vérité, il y a eu maldonne ! L'histoire d'Haïti deviendra celle d'une détérioration continue de la situation sociale et économique.

En 1822-1823, Haïti se classait au septième rang des clients des États-Unis, avant le Brésil, l'Italie, la Russie et le Portugal qui étaient respectivement huitième, neuvième, dixième et onzième.[3] En 1839, les exportations d'Haïti vers les États-Unis se chiffraient à 2 347 556 $ et les importations à 1 815 212 $. Les importations de toutes les Antilles anglaises pendant la même

---

[2] Claude Moïse, *Le projet national de Toussaint Louverture et la Constitution de 1801*, CIDIHCA 2000, p. 66.

[3] Benoit Joachim, *Les racines du sous-développement en Haïti*, Imprimerie Deschamps, 1979, p. 65.

année totalisaient 1 815 217 $ et les exportations 1522 347 $ laissant ainsi une balance favorable pour Haïti de plus de 500 000 $.

Cette même année, 1839, Haïti exportait aux États-Unis plus de marchandises que toutes les nations européennes, excepté la Grande-Bretagne, la France, et presque autant que la Russie. C'était remarquable si l'on considère que la population des É.-U. était vingt (20) fois supérieure à celle d'Haïti et cependant son commerce n'était que vingt-sept (27) fois plus important. La proportion des exportations de la Grande-Bretagne par rapport à sa population était de l'ordre de 185/1, celle des É.-U. était de 165/1 et celle d'Haïti 125/1, ce qui signifie que le commerce haïtien représentait près dès 3/4 du commerce de la Grande-Bretagne et 7/8 celui des É-U. Il aurait fallu beaucoup de capitaux pour soutenir un tel commerce, ce dont Haïti ne disposait pas, concluait John Candler[4]

Cependant depuis le début du XXe siècle, la nation haïtienne stagnait dans l'immobilisme. Le pays s'épuisait dans des guerres civiles sans fin et menaçait de sombrer dans l'anarchie. Le destin d'Haïti semblait fixé, elle ne saurait plus s'insurger contre l'inéluctable expansion des États-Unis, ce qui se réalisa en 1915, avec l'occupation de son territoire. Du point de vue politique, la gestion américaine fut despotique, avec la loi martiale, l'imposition de deux présidents, la concentration de tous les pouvoirs dans les mains du Haut-Commissaire américain. Après la dissolution de la Chambre législative, le pouvoir exécutif du Haut-Commissaire s'exerçait avec l'aide d'un Conseil d'État dont les membres étaient nommés par lui et qu'il révoquait à son gré ; l'inamovibilité des juges a été abolie, le pouvoir judiciaire changeait à sa fantaisie, suivant les besoins de sa politique personnelle. La liberté de la presse n'existera pas et les journalistes étaient emprisonnés constamment de façon préventive pour délit de presse, sans le bénéfice de l'habeas

---

[4] John Candler, *Brief notices of Haiti*, London Thomas Ward & Co 27 Pater- Noster Row 1842, p. 110

corpus. La gendarmerie qu'il mit en place était aussi brutale que les marines ; elle coûtait 15 % du budget national.

On évalue le nombre de morts pendant la guerre des Cacos à 10 000, probablement davantage que durant toutes les révolutions haïtiennes réunies.[5]

Du point de vue social, l'occupant manifestait un mépris profond pour les Haïtiens. « Dear me, think of it ! Niggers speaking French! » Cette phrase du secrétaire d'État américain William Jennings Bryan dont relevait Haïti occupée, résume toute l'ignorance et le mépris. L'occupation va provoquer l'exaspération des antagonismes sociaux après son départ, pour s'être ouvertement appuyée sur l'élite mulâtre au détriment de l'élite noire. Le club privé américain était interdit aux Haïtiens et même Mr Marshall, citoyen américain, mais homme de couleur, qui avait servi dans l'armée américaine au grade de capitaine, pendant son séjour de six ans en Haïti, comme employé de la légation américaine, n'en a jamais franchi le seuil[6]

L'éducation ne reçut aucun soutien.

Les augmentations de taxe ont pesé très lourd sur la population, et le standard de vie de l'Haïtien n'a pas augmenté : « Industrie, commerce, tout est aux abois, le peuple a faim, peut-on lire dans un mémoire adressé depuis Les Cayes au Président Borno.[7] » La manifestation de protestation paysanne qui suivit, se termina par le massacre de paysans à Marchaterre, par les Marines. C'est à ce moment que va débuter le cycle des périples migratoires des Haïtiens, d'abord vers les champs de cannes de Cuba avant de déborder vers l'Amérique du Nord. Les compagnies américaines d'Haïti cependant, favorisées par l'occupant, faisaient des affaires d'or : la SHADA, la J.J. White, la Standard Fruits, la HASCO, la Haytian American

---

[5] Sténio Vincent, *En posant des jalons*, cité dans Jacques Barros, Haïti de 1804 à nos jours, p. 537.

[6] Dantès Bellegarde, *L'occupation américaine d'Haïti, ses conséquences morales économiques*, 1929, réédité par les Éditions Lumières, 1996.

[7] Jacques Barros, *ibidem,* L'Harmattan, 1984, p. 231

développement Corporation, la Banque, la compagnie McDonald, la compagnie électrique qui facturait trois fois plus le kilowatt en Haïti qu'à Porto Rico, à Cuba et en République Dominicaine.[8]

Du point de vue économique, si on ne peut pas dire que l'occupation a précipité la ruine d'Haïti, on peut certainement conclure qu'elle n'a rien fait pour l'arrêter, encore moins pour l'empêcher, contrairement aux attentes. Les résultats chiffrés se passent de commentaires.

En 1925, le commerce d'Haïti atteignait 39 644 000 $, l'exportation 19 404 000 $ et l'importation 20 238 000 $. La France achetait pour 12 300 000 $ et vendait pour seulement 1 360 000 $. Les É.-U. n'achetaient d'Haïti que pour 2 300 000 $ et lui vendaient pour 15 568 000 $. En 1933-34, sous occupation américaine, le commerce d'Haïti atteignait seulement 19 449 000 $, une diminution de plus de 20 137 000 $ dont l'exportation à 10 300 000 $ et l'importation à 9 137 000 $. Ces chiffres montrent avec éloquence la détérioration globale importante du commerce haïtien sous l'occupation américaine, le déséquilibre de la balance commerciale entre Haïti et les États-Unis, à l'avantage de ces derniers qui en tiraient un profit important, après qu'ils avaient déclassé la France.

Il y a plus, le Year Book[9] du département du commerce américain, publié en 1935 place Haïti devant douze pays latino-américains pour son commerce extérieur pour l'année 1911-12. C'était sous l'administration haïtienne, avant l'occupation américaine. Les douze pays étaient Costa Rica, Guatemala, Honduras, Nicaragua, Panama, Salvador, République Dominicaine, Équateur, Guyane anglaise, Guyane hollandaise, Paraguay. La situation empira en 1934, sous occupation américaine ; à cette date, Haïti ne devançait que huit de ces pays. On peut se demander, de façon très légitime, si l'intention maligne de l'occupation n'était pas de « casser » Haïti. La détérioration économique, sous sa tutelle, fut tellement rapide et

---

[8] Dantès Bellegarde, *op. cit.*

[9] *Ibidem*, p. 232.

évidente, sans jamais faire l'objet de la moindre inquiétude ! Le lieutenant Smedley Buttler, commandant des troupes d'occupation, avoua publiquement au Congrès américain qu'il avait joué le rôle d'un agent de la National City Bank pour faciliter sa prédation en Haïti.

> « Il y avait en général, parmi les Haïtiens, comme un accord secret pour excuser l'intervention, si elle devait mettre fin à la situation chaotique qui existait dans le pays et lui substituer une vie organisée de paix et de travail [10]».

Beaucoup avaient vu dans l'occupation l'occasion d'un développement, fatiguées de la guerre civile et des gouvernements despotiques. On acceptait de ravaler son orgueil patriotique et on parlait alors de collaboration loyale, mais temporaire, « convaincu que la condition indispensable du progrès social est l'ordre dans la liberté et qu'une telle condition ne pouvait se réaliser que par l'établissement d'un gouvernement réellement démocratique...

Beaucoup de ceux qui votèrent la convention étaient sincères » écrit Dantès Bellegarde[11]. Léon Laleau dira que « le gouvernement a endossé pour le salut de tous une croix sans honneur ni profit ».

D'un côté on peut comprendre le désarroi de la bourgeoisie/classe dirigeante d'Haïti, devant la détérioration alarmante de la situation politique ; de l'autre côté, c'était mal connaître l'Américain qui s'évertuait à garder sa propre population noire dans une situation de sujétion voisine de l'esclavage (officiellement aboli depuis 1865), qui la lynchait à l'occasion, pour lui imposer une ségrégation stricte et violente, que de croire qu'il allait manifester une attitude quelque peu sympathique vis-à-vis d'Haïti pour favoriser son progrès.

Le réveil fut donc brutal et la déception grande. Mis à part quelques rares aménagements administratifs reconnus valables, comme dans le service de Santé, quelques voies de

---

[10] *Ibidem*, p. 242.

[11] Dantès Bellegarde, *Haiti and her problems, four lectures*, University of Porto-Rico Bulletin, 1936, p. 34-35.

communication jugées nécessaires pour leur déplacement dans le pays pour aller combattre la rébellion Caco, le service téléphonique par exemple, l'échec fut presque total. Il n'y a pas eu de changements de structures. Cette première occupation se révèle maintenant comme une parenthèse déplorable, amère, inutile dans la vie nationale. Quant aux occupations ultérieures du XXIe siècle, avec l'embargo qui les a précédées et la parodie de démocratie qu'elles ont orchestrée, elles ont été particulièrement ruineuses, puisqu'elles ont assommé l'économie déjà moribonde et désastreuse pour la vie sociale du pays. La logique poursuivie n'avait pas semblé changer depuis 1915 !

À ce sujet, en 1990, dans sa comparution devant la Commission des affaires étrangères du Sénat américain, William Jefferson Clinton (Bill Clinton), ancien président des États-Unis. Il endossa la responsabilité du fait que des millions d'Haïtiens meurent de faim aujourd'hui, pour avoir forcé l'État haïtien à adopter des mesures de dérégulations commerciales dévastatrices pour l'économie du pays. « Cette décision a peut-être été profitable à quelques agriculteurs de l'Arkansas, ce fut une erreur qui a provoqué la baisse de la capacité de production de riz pouvant nourrir le peuple haïtien », admit-il.

Quelle outrageante ironie d'une aliénation sans nom, le spectacle de Bill Clinton qui recevait la médaille de l'Ordre national Honneur et Mérite, au grade Grand-Croix, par le gouvernement haïtien !

Doit-on encore continuer à blâmer uniquement des dommages résiduels de l'interaction culturelle du vécu esclavagiste pour expliquer le sous-développement haïtien ? Peut-on encore se contenter de parler uniquement de la manifestation de mimétisme et d'identification au maître pour expliquer la stagnation et les travers de la culture haïtienne ?

D'un côté, la carte du monde occidental a-t-elle réellement changé depuis le XVIIe siècle ? Existe-t-il une seule puissance politico-économique en Amérique latine ? Quel pays latino-américain peut se prévaloir de 50 ans de tradition démocratique continue ? Peut-être le Mexique, mais il fait face depuis des décennies à une guerre civile larvée dans une partie de son territoire. Existe-t-il donc une trame historique commune à toute l'Amérique latine ? Si dans le groupe Haïti fait piètre figure, ce sont tous des pays à économie dépendante et à stabilité politique fragile.

En 1910, c'était encore l'Angleterre, la France, l'Allemagne et les États-Unis qui possédaient près de 80 % du capital financier mondial, « presque tout le reste du monde est, d'une manière ou d'une autre, débiteur et tributaire de ces pays[12] ». Les métropoles d'hier ont gardé leur place en devenant aujourd'hui les grands centres financiers du globe ! Elles continuent à contrôler le commerce international et à dicter leurs volontés aux États faibles, sous-développés, économiquement dépendants.

Il est certainement facile et émotionnellement moins engageant de faire son mea culpa sur le dos des autres, de se décharger de ses responsabilités, de jouer à la victime innocente et impuissante. Les victimes n'ont jamais rien provoqué de particulier sinon de la pitié.

La démarche fondamentale est de chercher à savoir pourquoi la culture haïtienne présente une apparente opacité au progrès, au développement économique généralisé, dans la promotion et le respect de la dignité de l'individu-citoyen.

Il s'agit donc maintenant d'interroger l'Histoire, de scruter les divers témoignages, en rejetant une attitude de défaitisme résigné et en évitant l'assurance tranquille que procure le sentiment de la possession de la vérité pour comprendre, comprendre pour expliquer !

Il s'agit de chercher à savoir pourquoi Haïti est restée un pays agricole. L'existence d'un surplus généré par cette activité était pourtant réelle et indéniable. Pourquoi ce surplus, n'a-t-il pas progressé pour servir à la mise en place d'industries de transformation ou de substitution à l'importation ? Pourquoi la bourgeoisie nationale, comme elle se le devait, a-t-elle manqué d'ambition pour la prise en charge de cette transition, pour la

---

[12] Lénine, *L'impérialisme,* cité dans Jacques Barros. *Ibidem*, p. 217.

satisfaction de ses besoins de sécurité matérielle et de confort, pour lancer un décollage économique dont les retombées auraient profité à l'ensemble de la nation ? Enfin, pourquoi l'appareil politique a-t-il été incapable de promouvoir, de soutenir et de gérer une transformation économique durable ?

L'héritage

Les traditions de toutes les générations mortes pèsent d'un poids très lourd sur le cerveau des vivants.
Karl Marx

Le traité de Ryswick, en 1697, devait concéder la partie occidentale d'Hispaniola à la France. Ce fut un cadeau. La France ne s'était jamais battue, n'avait pas non plus conquis le territoire selon la coutume de l'époque, un cadeau de quelques aventuriers, boucaniers et flibustiers français, qui l'avaient subtilisé aux Espagnols.

Ainsi s'ouvrait un chapitre controversé de l'histoire de l'humanité, la création et le maintien d'un immense camp de concentration à Saint-Domingue, l'exploitation sans merci avec des privations, le fouet, la torture infligée à un groupe humain transplanté de force en terre inconnue, pour le bénéfice matériel d'un autre groupe, avec tout un système idéologique élaboré a posteriori pour justifier cette exploitation sans nom qu'était l'esclavage.

Cette colonie de Saint-Domingue était destinée à devenir la Reine des Antilles, le joyau de la couronne française, la réussite coloniale par excellence, « l'un des plus grands succès obtenus par les puissances européennes au-delà des mers, l'orgueil de la France dans le Nouveau Monde ». Elle était convoitée par toutes les grandes puissances de l'époque. La France, l'Espagne et l'Angleterre se sont simultanément affrontées dans des guerres, pour la conquête et la possession de ce territoire.

Richesse de Saint-Domingue

Dès 1753, la prospérité de Saint-Domingue dépassait celle de toutes les colonies françaises. Elle était devenue l'une des principales sources de richesse de la France. La production de Saint-Domingue équivalait au 2/3 de son commerce extérieur, plus que toutes les colonies anglaises réunies. Elle exporta, pour l'année 1789, 141 089 831 livres de sucre ; 68 151 181 livres de café ; 6 286 126 livres de coton ; 930 016 livres d'indigo ; 150 000 livres ; de cacaos. Pour l'année 1788, le commerce extérieur de Saint-Domingue évalué à 214 000 000 Fr (42 000 000 $) dépassait même celui des États-Unis. Les exportations représentaient 152 460 000 Fr contre des importations françaises estimées à 54 570 000 Fr, celles d'origines étrangères étaient estimées à 7 038 000 Fr[1].

Un nombre impressionnant de 4100 bateaux étaient enregistrés en partance de Saint-Domingue en 1789, dont 2500 étaient américains. Il y avait à Saint-Domingue 792 plantations de sucre de plus de 200 hectares, 2800 petites plantations, 705 plantations de coton et plus de 3000 petites plantations d'indigo. L'exportation illicite dépassait toutes les possessions américaines. Aucune autre colonie n'a contribué dans la même proportion au commerce de sa métropole[2].

La quantité de café exportée pendant les dernières années de l'esclavage s'élevait à 70 000 000 livres. L'exportation annuelle de coton s'élevait à 3 000 000 livres. Le coton n'était cependant pas utilisé dans la colonie, car il n'existait aucune industrie de transformation. Le commerce de l'acajou et des bois de teinture était aussi en progression durant les derniers temps de la colonie et constituait une source de profit appréciable pour les marchands et de revenu pour l'État. L'acajou exporté en Angleterre était très apprécié pour sa dureté et la finesse de son grain. Un seul arbre

---

[1] Robert I. Rotberg with Christopher K. Clague, *Politics of squalors*, Houghton Mifflin Company, 1971, p. 30.

[2] Robert I. Rotberg with Christopher K. Clague, Politics of squalors, Houghton Mifflin Company, 1971, p. 30.

acheté pour la somme de 3000 £ par la compagnie Broad Wood et Co était utilisé pour la fabrication d'un piano[3].

Cette partie de l'ancienne Hispaniola, grande comme la Belgique actuelle, infiniment plus petite comparée aux empires ibériques des Amériques ou anglais de l'Inde, dépourvue de mines d'or, d'argent ou de diamant, est devenue en très peu de temps un eldorado agrocommercial envié, et cela, grâce à des techniques d'un capitalisme en avance sur celui de la France, paralysée par un système archaïque. Il y avait là une richesse agro-industrielle incomparable avec les 431 sucreries en blanc, 362 en brut, 3117 caféteries, 789 cotonneries, 3151 indigoteries, 6 tanneries, 182 fabriques de tafia, 64 cacaotières, 370 fours à chaux, 29 poteries, 36 briqueteries, 520 moulins à eau et 1630 moulins à bêtes : un ensemble formant un capital évalué entre deux et trois milliards de francs, le tout drainé par une circulation ininterrompue de 1745 navires de toutes catégories depuis les 678 français dont 95 négriers jaugeant 200 000 tonneaux jusqu'aux 763 américains faisant 56 000 tonneaux, sans compter les 45 français effectuant le commerce étranger pour 3500 tonneaux et 254 espagnols pour 15 000 tonneaux.

Qui plus est, le Français consommant modérément les produits tropicaux, Saint-Domingue est devenue le principal fournisseur international de sucre et de café qui se vendait à Brème, Hambourg, Stettin, Dantzig ainsi qu'à Amsterdam, Saint-Pétersbourg, Stockholm, Rotterdam, équilibrant de ce fait la balance commerciale de la France et devenant ainsi le modèle de l'agriculture et de l'industrie françaises depuis la fin du règne de Louis XIV jusqu'à la Révolution. L'excédent de la balance commerciale française équivalait à 25 millions de pesos. L'Espagne n'a pas pu faire valoir autant la partie est de l'île, de plus grande superficie, plus favorisée en territoire de plaines et de richesses naturelles, qui ne pouvait survivre que grâce à l'envoi de subsides de Mexico de 250 000 pesos[4].

---

[3] John Candler, Brief notices of Haiti, London Thomas Ward & Co 27 Pater- Noster Row 1842, p. 106

[4] Denis Laurent Rops, *Haïti, une colonie française, 1625-1802*, L'Harmattan, 1993, p. 161.

En 1789, le revenu de la colonie était évalué à 150 millions de francs et la valeur des propriétés à 1 milliard 500 millions. La valeur totale des terres, des esclaves et du bétail était estimée à un milliard et demi de livres[5]. La richesse de Saint-Domingue était fabuleuse, « riche comme un Créole », disait-on.

Cause de la richesse : le Pacte colonial

Deux facteurs expliquent ce succès. C'est d'abord l'organisation de ce que l'on a appelé le Pacte colonial, conçu pour favoriser l'accroissement du commerce français. La colonie devra être un centre économique créé par l'initiative privée où la richesse du sol et les produits naturels offraient la chance d'échanges avantageux, en créant un débouché considérable à l'industrie française et en alimentant le fret dont dépend l'agrandissement de la marine française.

Il n'y a pas d'équivoque. Il s'agit d'exploiter à moindres frais le plus de denrées possibles.

> « Les colonies ne doivent prospérer que pour le plus grand bien du royaume. Les colonies doivent fournir des matières premières aux industries de la métropole et consommer ses produits manufacturiers. Elles ne doivent en aucun cas concurrencer les établissements métropolitains[6]. »

> « La destinée des colonies était de servir, de jouer aux caprices, de pâtures, aux besoins, de proie à l'avidité de leur métropole, de son fisc, de ses traitants, de ses marchands, de ses compagnies, de ses intrigants accrédités. Saint-Domingue ne pouvait être avantageuse à la métropole qu'en devenant une vaste plantation[7]. »

Les colons ainsi livrés aux négociants ne cessent de dénoncer leur carence et s'insurgent avec violence. Leur asservissement économique est l'une des causes principales de leur esprit

---

[5] Étienne Charlier, Aperçu sur la formation historique de la nation haïtienne, Presses Libres, 1954, p. 34.
[6] Baron de Wimpfed, cité dans J. Barros ibidem, *op. cit.* p. 175
[7] Jacques Barros, Haïti de 1904 à nos jours, 1984, p. 173.

d'autonomie. Ils reprochent à la métropole le délaissement dans lequel elle les tient. Ils accusent les négociants de les laisser manquer de vivres et d'esclaves. Dans ces conditions, ils réclament inlassablement le droit de se fournir ailleurs.

Le gouvernement et les négociants bourgeois français s'évertuaient à interdire la compétition de Saint-Domingue. Il était défendu à Saint-Domingue d'avoir des industries de transformation des matières premières. N'étaient tolérés dans la colonie que les fours à chaux et briqueteries, les poteries, quelques tanneries. On ne pouvait davantage démunir un pays, le rendre plus dépendant.

> « L'État refuse même d'y exporter sa monnaie et la pénurie de devises gênera nos colonies américaines pendant tout le XVIIIe siècle. Saint-Domingue a toujours été paralysée par le manque de numéraire et elle devait tirer ses espèces de son commerce interlope avec l'Amérique hispano-portugaise. Sans compter la fausse monnaie qui avait commencé de l'inonder bien avant de devenir l'une des plaies de l'Haïti indépendante.[8]
>
> Neker[21] écrivait : « Ce n'est qu'en vendant au-dehors pour 270 millions de marchandises apportées des colonies que la France obtient une balance positive de 20 millions. Ce commerce faisait la fortune de nos grands ports, Bordeaux en tête. Il n'était pas question que Saint-Domingue ne s'équipe d'aucune manufacture. Les colons n'avaient même pas le droit d'établir des industries de transformation agricoles. Les villes maritimes de France s'opposèrent tant qu'elles purent, sans y réussir tout à fait, à ce que les habitants raffinent le sucre, exportent les sirops et tafias, fabriquent du chocolat. »

Une loi interdisait aux habitants de manufacturer le coton, afin de les tenir dans la nécessité d'acheter à un prix extravagant des toiles que l'on avait soin de choisir dans les plus mauvaises qualités afin d'en hâter la consommation. La colonie n'avait pu

[8] Necker, cité dans J. Barros, ibidem, p. 176.

survivre sans l'étranger, particulièrement pendant les longues guerres qui interrompaient les échanges avec la métropole.

Cause de la richesse : l'esclavage

La deuxième cause de la richesse de Saint-Domingue réside en son mode de production inique, à haute intensité de main- d'œuvre. « La plus condamnable tare de l'économie Saint-Domingoise est en effet qu'elle n'ait pu exister, qu'elle n'ait pu se soutenir que par l'esclavage. C'est la mort d'une masse d'hommes incessamment renouvelée qui assurait les glorieuses exportations de sucre et de café. Pour l'esclave des ateliers, qu'était-ce la « reine des Antilles » sinon un bagne où l'on mourait tôt.[9]»

« Représentez-vous dès lors ce que doivent souffrir ces infortunés nus, couchés sur le bois, meurtris par les chaines qui déchirent leurs bras et leurs jambes, et dans les gros temps se heurtant, s'ensanglantant réciproquement par de violentes convulsions ; représentez-vous ces cadavres livides entassés dans un entrepont étroit sans aucune circulation d'air, exhalant des vapeurs fétides, bientôt transformées en miasmes dangereux qui, repompées par leur aspiration, portent dans leur sang le poison de la mort... La mortalité à bord des négriers est de 8 % à 20 %, à cela s'ajoute le nombre de noirs qui, une fois le navire en rade, se jetaient à la mer. Certains captifs prennent la résolution de se laisser mourir de faim, éventualité redoutable pour le négrier[10]».

De Vaissière[11] donne ce compte rendu de l'arrivée annuelle des esclaves à Saint-Domingue. En 1681, il y a 2000 nègres dans la colonie ; en 1701, il y a plus de 10 000 rien qu'à Léogâne ; et en 1708, 3 000 au Cap. Dans l'année 1716, le nombre total augmente de près de 4 000 et de 3 667, pendant l'année 1720. Et à mesure

[9] Ibidem, *op. cit*, p. 179 d'air, exhalant des vapeurs fétides, bientôt
[10] Pierre de Vaissière, *Saint-Domingue, la société et la vie créoles*, p. 159.
[11] *Ibidem*, p. 164.

que l'on avance, les chiffres deviennent plus élevés. Dans la seule année 1753, 5 250 noirs sont introduits dans l'île. En 1764, 10 000, 10 000, en 1765 et en 1786, 27 000, en 1787, plus de 40 000. La gigantesque poussée esclavagiste va se situer entre 1715 et 1790. On passera alors en l'espace de soixante-quinze ans à 450 000 esclaves. Durant le dix-huitième siècle, 900 000 esclaves étaient achetés à Saint-Domingue. De ce nombre, en 1789, il ne restait que 465 000.

> « Je vis beaucoup de malheureux aux trois quarts nus et qui versaient toutes les sueurs de leur corps pour satisfaire à leurs devoirs. J'apercevais parmi ces noirs un chef commandeur qui, armé d'un grand fouet, imposait par la crainte aux hommes et aux femmes qu'il surveillait d'un œil sévère.[12] »

Les esclaves travaillaient ainsi de huit heures du matin jusqu'au coucher du soleil, parfois jusqu'à 11 heures du soir pendant les périodes de récolte, avec une interruption de 1h1/2 pour le dîner. En 1790, plus de 60 % des esclaves étaient des captifs, des déportés qui avaient passé leur enfance et parfois leur jeunesse en Afrique, « les baptisés debout ». Les nègres ouvriers étaient presque tous Créoles. Ils étaient susceptibles de comprendre et entendre les principes sur lesquels on pouvait entreprendre une négociation. Ils exerçaient un ascendant sur les nègres d'Afrique qu'ils ont vraisemblablement entrainés à la révolte.

Environnement social

Saint-Domingue était cependant un pays de délices.[13]

> « L'on y vit avec luxe et volupté. Je repris le goût des plaisirs et de la dépense. J'allais tous les soirs soit à la promenade, soit visiter quelques dames blanches, souvent voir de très jolies et riches mulâtresses, quelques fois à la

[12] Girod Chantrans, Voyage d'un Suisse en différentes colonies, cité dans de Vaissière, p. 168.

[13] Jean Fouchard, *Plaisirs de Saint- Domingue*, Imprimerie de l'État, 1955

comédie... L'on y fait bonne chère. Le soir, on vous prépare un bain et le maître fait passer en revue les plus belles de ses esclaves. Vous faites votre choix et ces négresses, par vous choisies, vont vous servir au bain et au lit. »

« Ah ! Saint-Domingue ! Saint-Domingue ! Vous étiez à la fois le paradis sur terre et la perte des âmes », s'écriait Alfred de Laujon un des témoins des fastes et des plaisirs de cette colonie française. « On ne voit sur leur table que des reliefs de gibiers... les meilleurs vins de Bourgogne et du champagne ne sont point chers pour eux et quelques prix qu'ils valent il leur en faut. » « Les colons ne se privaient point de manger et surtout de boire quitte à se faire saigner de temps à autre, selon les habitudes de l'époque. »

À côté de ces fêtes organisées dans une habitation, il faut aussi mentionner la multitude de spectacles pyrotechniques, les jeux du cirque, manèges, prestidigitations et acrobaties, et une infinité d'attractions créées pour l'agrément des familles de la colonie par des équilibristes, danseurs sur cordes, voltigeurs venus de France, d'Angleterre et d'Italie.... « Saint-Domingue s'enivrait dans les jours précédents ses sursauts de l'agonie. »

Ces chiffres qui suivent, cités par Jean Fouchard[14], donnent une idée des importations françaises en 1789 : 81 972 barriques de vin, 2 971 barriques de bière, 7 875 caisses de liqueur, 14 416 paniers d'anisette, 38 666 quintaux de morue, 7 126 quintaux de lard, 3 768 quintaux de jambon, 12 037 caisses de vin, 5 432 paniers de bière, 15 330 ancres d'eau-de-vie, 17 394 quintaux de bœuf salé, 9 275 quintaux de petits salés. Sans compter des malles de macaroni, des balles de pois, d'avoine, d'haricots de Dijon, d'amandes fines, de jarres de saucissons, de caissons d'anchois, de câpres et de thon.

Pendant les six premiers mois de l'année 1717, il arrive à Léogâne 59 pipes de madère et de malvoisie à 175 Fr la pipe, 2507 barriques de Bordeaux à 80 livres la barrique, 398 barils d'eau de

[14] *Ibidem.*

vie à 55 livres le baril, 148 caves de vin de Champagne à 100 livres la cave.[15]

On se donnait continuellement des repas les uns aux autres. Les bals de la mi-carême de Mme St-Tar étaient l'un des évènements mondains les plus courus dans la colonie. On y venait de loin, du Cap et des Cayes, et c'était à qui l'emportait pour la toilette et le déguisement. M. de Ruzic dans ses notes historiques de la paroisse des Cayes, écrit que les femmes paraissaient quelques fois avec quatre déshabillés dans le même bal.

Quant aux mœurs, rapporte de Laujon[16], elles étaient dissolues. L'immoralité n'était pas importée de France, elle était latente dans le pays. La réputation des femmes créoles n'était pas surfaite.

« Elles ne vivaient que pour et par l'amour, tout jusqu'à leurs toilettes amples et légères, largement décolletées, tout proclamait qu'elles étaient des créatures d'amour et de volupté. Les mariages entre parents étaient fréquents à Saint-Domingue, des accidents et des scandales effrayants pour la religion s'en étaient suivis.[17]»

> « Les négresses et les mulâtresses vivent le plus souvent en concubinage, logées et entretenues par un colon, car c'est la mode d'avoir une maitresse. Généralement elles passent pour être fidèles à celui qui les entretient. » Certaines s'adonnent franchement à la prostitution, pour 12 000 blanches prostituées on comptait 2 000 mulâtresses et négresses alimentant cette frénésie de débauche vers laquelle se ruaient toute l'année 12 000 marins qui fréquentaient les ports de Saint-Domingue et les 15 000 cabarets des grandes villes. »[18]

La corruption atteignait aussi la gent religieuse « ... les révérends pères ne songent qu'à se divertir et à s'enrichir ; ils meublent le presbytère de jolies mulâtresses, ils font de jolis enfants et gagnent fort doucement le paradis ».

---

[15] Cité dans Pierre de Vaissière, *ibidem*, op.cit, p. 296.
[16] Jean Fouchard, *ibidem*, *op. cit*.
[17] Jean Fouchard, *ibidem op. cit*.
[18] *Ibidem*.

Il se développe dans la colonie un goût de luxe et d'apparat très étendu. Dès 1701, le père Labat indique que les carrosses à six chevaux et des chaises à porteurs sont nombreux. Le plus petit habitant dédaigne aller à cheval. Les engagés et les anciens valets de Boucaniers deviennent en peu de temps de si gros seigneurs qu'à peine ils peuvent se résoudre à faire un pas sans carrosse.

Un autre signe de luxe, ce sont les bijoux. Le baron de Wimpffred nous a laissé ce témoignage à propos du Cap français.

> « On y voit 100 boutiques où brillent l'or et les pierreries. Il y en a peut-être pour 40 millions à Saint-Domingue. Les montres de prix, les cannes de jet à pommes d'or, les tabatières d'or à filet et ondée, les garnitures de boucles pour souliers à jarretière en lacs d'amour avec leur chappe, les bagues, les broches sont presque des articles de première nécessité. [19]»

On joue beaucoup à Saint-Domingue, « Il n'y a pas de pays où l'on joue plus gros jeu. » « Les cabarets assurent à eux seuls 10 000 livres sur des recettes générales atteignant 60 000 en 1709. » En 1749, le produit des cabarets passe pour le fisc à 70 000 livres. On y joue beaucoup aux dés, aux dominos et à la loterie dont les billets s'élèvent à des milliers. Cette passion aurait aussi envahi les affranchis et même les nègres domestiques.

Le goût de luxe s'accentue avec les vagues incessantes d'officiers et d'éléments de la noblesse qui venaient s'établir dans la colonie. Cet « apport de qualité ajouta une note de finesse aux manières et à l'élégance. » On voit ainsi défiler à Saint-Domingue « les rejetons des grands noms de France qui passent leur vie entre un bol de tafia et une négresse concubine ». Au point où on a pu dire à Louis XVI que « la cour était devenue créole par alliance [20]».

Cependant, malgré tout ce déploiement de luxe, cet exercice éblouissant, Moreau de St-Méry[21] « signale le peu de soin accordé à l'architecture et surtout à l'ameublement. Le même colon qui se

[19] *Ibidem.*
[20] *Ibidem.*
[21] *Ibidem.*

pavane avec de milliers de livres de bijoux vit dans une maison sans luxe et même sans commodité et sans confort ».

La maison d'habitation coloniale, la grande case, elles se ressemblaient toutes. Il s'agissait d'une construction banale en maçonnerie blanchie à la chaux avec galerie en pourtour et toit en tuile, avec une large pièce centrale bien aérée tenant lieu de salon et de salle à manger où s'ouvraient de plain-pied, à droite et à gauche, les chambres à coucher. On se souciait peu que les fondements soient solides, les murs d'aplomb, qu'il y ait de la proportion entre les portes et les fenêtres. On faisait appel le plus souvent aux ouvriers nègres sans qualification. La simplicité de l'architecture se reflétait dans l'ameublement qui demeure pauvre, dans l'ensemble dépourvu d'ornement et de décoration. À quelques pas en arrière s'alignaient d'autres cases plus petites pour la domesticité et encore plus loin les chaumières des esclaves.

Cette attitude est compréhensible si on se souvient que le colon en général ne venait pas à Saint-Domingue pour y prendre racine. Il ne venait pas dans la colonie pour changer d'air, « la manie générale à Saint-Domingue est de parler de retour ou de passage en France. Chacun répétait qu'il part l'année prochaine et l'on ne se considérait que comme voyageur.[22] » Le désir le plus cher état de retourner en France, en métropole, se pavaner en vivant de ses rentes, car finalement c'est à Paris que le colon allait prendre conscience de son opulence, ou en y achetant un titre de noblesse ou en choisissant un gendre de haute lignée. On s'explique ainsi la pauvreté ou l'absence de construction coloniale de valeur architecturale en Haïti. Peut-être ont-elles été détruites par les cataclysmes, incendies, cyclones et guerres civiles qui se sont abattus de façon régulière sur le pays ? Un simple coup d'œil sur un témoin important socialement, historiquement et émotionnellement de l'époque coloniale, la vieille cathédrale de Port-au-Prince (maintenant disparue, emportée par les flammes), nous montrait une baraque trapue et dépourvue de style.

L'instruction publique a toujours été délaissée. Il n'y a vraiment pas de place à Saint-Domingue pour aucune activité

[22] Dans Pierre de Vaissière, ibidem, *op. cit*, p. 298.

cérébrale. Les grands planteurs envoyaient leurs enfants en métropole. Quelques affranchis mulâtres, fils de grands planteurs, prendront aussi le voile vers la France. Pour le reste l'instruction n'était pas importante et on en faisait peu de cas. Les petits blancs et les affranchis devaient se contenter de maîtres improvisés dont la science n'allait pas au-delà de celle de leurs élèves. Il était interdit aux esclaves l'enseignement du syllabaire.

La première cathédrale de Port-au-Prince (Arch. photos CSSp).

Quant aux services publics, le père Cabon[23] nous a livré ce jugement implacable : « Les agents de l'administration gaspillent à leurs profits personnels les deniers publics, les juges vendent leurs sentences ou sont entourés d'officiers véreux, pourvu qu'ils réussissent, ces misérables passent pour d'honnêtes gens, personne ne songe à s'étonner des excès qui se commettent effrontément, tout est permis. » Le père Cabon étend d'ailleurs ce jugement à toute la classe dirigeante « qui ne pense qu'à faire fortune par tous les moyens, sans égard aux restrictions de la Morale, prête à toutes les compromissions pour réussir ».

Au début, la colonie connut une disette de femmes blanches, ce qui ne cessa d'inquiéter les nouveaux immigrants venus de France. En 1681, on dénombrait 435 femmes pour 4000 hommes. À cette époque, certaines agences matrimoniales recrutaient des filles dans

---

[23] *Ibidem.*

les hôpitaux, les orphelinats, les établissements de charité, « des salopes ramassées dans la boue, des gaupes effrontées dont les mœurs sont aussi dissolues que le langage, des filles dont l'aptitude à la génération est pour la plupart détruite par un trop long usage ». Les colons se rabattaient sur ce qu'ils trouvaient. Ce furent d'abord les Indiennes et très vite les femmes esclaves « à qui leurs maîtres ont troqué la liberté en échange de leur pucelage.[24] »

> « Après le départ, le capitaine et une partie de l'équipage choisissent parmi les négresses celles qui leur conviennent le mieux ; elles nous servent à table et au lit, et d'ordinaire ce sont celles qui se portent le mieux, parce que souvent on leur fait bonne figure et on les divertit, en sorte que nous trouvons notre profit et notre plaisir. Durant la traversée, ces femmes s'attachent à ceux qui en ont fait choix et si les hommes cherchent à se mutiner ou à se révolter, elles préviendraient l'équipage. [25]»

Dans cette atmosphère de luxure et de volupté de Saint-Domingue naissait un groupe humain hybride, le mulâtre. Par définition, le mulâtre est l'enfant d'un blanc avec une noire. L'histoire n'a pas retenu ou publié de naissance entre un noir et une blanche. Celle-ci aurait préféré se faire avorter que d'assumer le déshonneur et la désapprobation sociale qu'aurait entrainés la naissance de son « sang mêlé ». Moreau de St-Méry nous a légué une classification de sang mêlé qui avait cours à Saint-Domingue. Chaque classe se caractérise par un mélange de parties blanches avec les parties noires, le blanc et le noir pur totalisant respectivement 128 parties. On ne devient jamais blanc et est nègre celui qui a la plus petite partie nègre. Cette classification, qui n'a rien de scientifique et ne constitue qu'une description très approximative et arbitraire des différentes possibilités, revêt cependant toute son importance dans l'histoire de Saint-Domingue. Puisqu'il fallait consacrer et perpétuer l'infériorité du

---

[24] *Ibidem.*
[25] I*bidem.*

nègre, il fallait du même coup démontrer que son infériorité était en proportion directe de la proportion de sang blanc.

> « Il est essentiel de maintenir dans une grande distance, l'une de l'autre, l'espèce qui commande et l'espèce qui obéit, un des plus sûrs moyens pour cela c'est la perpétuité de l'empreinte qu'a une fois imprimé l'esclavage. Le mélange des races sera certainement moins fréquent.[26] »

> « L'esclavage s'est maintenu par le sentiment inné chez le Noir de la supériorité de l'espèce blanche. Mais, pour maintenir cette force morale plus puissante, plus efficace que la force physique, il faut nécessairement la classe des affranchis. Il faut même que les descendants de ces affranchis par un mélange continuel avec l'espèce blanche ne puissent participer à l'exercice des droits politiques qu'au degré où la nuance de la peau ne pourra pas parler matériellement au sens grossier de l'esclavage [27]».

Exprimé ainsi sans détour, le préjugé de couleur tel que vécu à Saint-Domingue faisait partie d'un calcul froid du colonialisme blanc pour faire accepter et perpétuer les privilèges de l'oppresseur.

Certes s'il y a eu des liaisons légitimes, dites « mésalliances », entre négresses et blancs, elles étaient limitées et mal vues. Certains pensent qu'il s'agissait de placements avantageux, quand la négresse possédait des biens qui assuraient une rente. En 1770, on recensait 300 mésalliances dans la colonie. Le plus célèbre d'entre eux, Sonthonax[28] qui avait épousé une mulâtresse, Eugénie Béjart.

La classe des affranchis comprend les esclaves libérés par l'âge ou par une faveur spéciale, les domestiques récompensés, les nègres à talents, cuisiniers, infirmiers, les nourrices des enfants de maîtres, les pères et les mères de nombreux enfants, huit (8), le troc de pucelage, les concubines favorites des maîtres, les bons

[26] Pierre de Vaissière, *op. cit.* p. 228

[27] Cité dans Jean Fouchard, *Les marrons de la liberté*, Édition de l'École, 1872 p.346.

[28] Ibidem, p. 304-355.

ouvriers, les esclaves récompensés pour actes de dévouement, services signalés, dénonciation de marrons et aide efficace pour leur capture, les esclaves libérés après service dans les troupes ou les milices, les affranchissements par mariage, par testament ou par reproduction, enfin les esclaves qui, par le fruit de leurs économies, achetaient leur liberté soit par vente d'affranchissement légalisé, soit par des ventes non déclarées pratiquées sur une grande échelle, en évasion fiscale[29].

Le groupe mulâtre va devenir une classe distincte qui va jouer un rôle prépondérant dans le devenir sociopolitique de Saint-Domingue au point « que l'on eut à dire que le blanc creusait sa tombe avec son pénis ». Bâtarde par sa naissance, la classe des mulâtres, à laquelle s'ajouteront les nègres libres ou libérés, sera tout aussi bâtarde par sa position sociale, coincée qu'elle était génétiquement, politiquement, socialement et émotionnellement entre la classe dirigeante des colons blancs, celle de son père et la classe des esclaves noirs, celle de sa mère. Propriétaires de biens et d'esclaves, les mulâtres feront partie de la classe des possédants et des exploiteurs, mais ils seront comme les esclaves privés de droits civils et politiques, ainsi de certaines prérogatives sociales.

La première conséquence de la naissance du rejeton mulâtre fut l'affranchissement de sa famille : sa mère, ses demi-frères noirs et même des oncles maternels. Si les mulâtres n'étaient pas tous affranchis, il y avait tout au moins une nette amélioration de leur esclavage, en devenant par exemple des esclaves domestiques, dont la vie était beaucoup plus facile.

La deuxième conséquence qui découlait de la première, ce fut leur éducation plus soignée. Certains d'entre eux iront même étudier en France, selon la générosité et les dispositions du père.

La troisième conséquence aussi liée aux deux premières, ce furent les avantages économiques qui en découlaient. Ces affranchis devinrent aussi propriétaires : « la plupart manifestent un goût de l'épargne et acquièrent une situation matérielle des plus enviables. Ils se portaient acquéreurs des plus belles propriétés qui étaient le refuge pour des affranchis sans foyer et des esclaves en

[29] *Ibidem,* p. 336.

rupture de banc[30] ». Autour de 1789, les affranchis possédaient le 1/4 des propriétés et le 1/3 des esclaves. Mais, quelles que fussent leur instruction et leur richesse, ils ne seront jamais admis dans le cercle des Blancs. Ils n'étaient pas invités aux bals et aux redoutes et ne dansaient pratiquement que dans les maisons privées. Même quand ils étaient admis à la Comédie, il ne leur était parfois permis « que d'aller dans leur loge pour voir danser » Ils s'organisaient entre eux pour les fêtes comparables à celles des Blancs.

Cette situation devait créer des tensions, car en France « sous l'ancien régime, on acceptait des jeunes mulâtres dans beaucoup de corps réservés aux jeunes nobles et même dans certains cas, dans certains offices de la magistrature ». Malheureusement, quand ils étaient de retour dans la colonie, on se faisait fort de leur rappeler leurs origines africaines, bon nombre d'entre eux ne regagnaient pas leur terre natale. Imbus des idées révolutionnaires de l'époque, qui entouraient la Révolution française, les mulâtres instruits étaient les plus grands ennemis de l'autonomie coloniale et la révolution ne tarda pas à les trouver en pleine agitation.

Pour compléter cette peinture sociale de Saint-Domingue, il nous faut maintenant parler des Noirs, des esclaves introduits dans la colonie vers le XVIe siècle pour remplacer les indiens déjà victimes du génocide colonial, après que l'on eut démontré au roi Louis XIII « que c'était un moyen infaillible et l'unique pour inspirer le culte du vrai Dieu aux Africains et les retirer de l'idolâtrie ». C'était donc au nom du christianisme, pour leur bien-être et pour le salut de leur âme, qu'on allait commencer officiellement la Traite des Noirs.

Cependant, à côté de cette préoccupation religieuse, d'ailleurs limitée à l'administration du baptême, il a été élaboré tout un code disciplinaire, le Code Noir, pour régler la vie de l'esclave. Ce Code faisait de lui un bien meuble dont pouvait disposer son maître à sa guise. L'esclave ne pouvait rien avoir qui ne soit à son maître. Il n'avait aucun statut juridique et ne pouvait « être partie ni être en jugement en matière civile, tant en demandeur qu'en défenseur, ni être partie civile en matière criminelle... ». Le régime disciplinaire

---

30 Moreau de St.-Méry, cité dans Jean Fouchard, *Les marrons...*, p. 363,

était très sévère, chaque infraction était punie jusqu'à la dernière rigueur, par exemple, un esclave qui frappe un blanc était pendu.

Même si l'obligation était faite au colon de nourrir et de vêtir ses esclaves, ces derniers ayant même la possibilité théorique de se plaindre au Procureur général, dans la pratique, la négation de son statut juridique rendait une telle démarche impossible. Tout nègre qui osait porter plainte était fouetté.

Les femmes n'étaient pas mieux traitées que les hommes. Le rapport qui existait entre maître et esclave consistait en un droit de propriété d'un bien meuble sujet à la vente, à la saisie, et au partage entre héritiers. La seule raison d'être de l'esclave était en tant que bête de somme pour travailler du lever au coucher du soleil, avec interruption de midi à 1h ou 2 h sous l'œil implacable du gérant. Ce dernier était assisté de plusieurs commandeurs armés de longs fouets, dispersés parmi les travailleurs pour frapper rudement les esclaves qui ralentissaient. À la tombée de la nuit, ils regagnaient leur retraite incommode et malsaine, vêtus de « quelques lambeaux de grosses toiles qui servaient plus à les défigurer qu'à les couvrir ». Leurs aliments n'étaient pas distincts de ceux que l'on donnait aux animaux même s'ils constituaient néanmoins les piliers de la richesse de Saint-Domingue.

Cependant, bien que l'on ait cru à la nature inférieure, bestiale du nègre et à sa capacité physique de supporter le régime de l'esclavage, « le 1/3 des nègres de Guinée meurt ordinairement pendant les trois premières années de leur transplantation et la vie labo- rieuse d'un nègre fait au pays ne peut être évaluée à plus de 15 ans [31]». Tous les témoignages de l'époque sont unanimes. De plus, la mortalité infantile est excessive, car « les enfants sont élevés sans soins, les mères nourrices étaient le plus souvent au jardin » et la fillette « à peine nubile que le maître ne lui a pas ôté son pucelage ou ne l'a pas trop pervertie ou entravée en victime prématurée de pires débauches dans les gouffres de la prostitution ». De plus, la pratique de l'avortement que beaucoup de négresses adoptaient pour éviter l'esclavage à leur enfant était très répandue. Une des matrones spécialisées dans les

[31] *Ibidem* p. 119.

accouchements de négresses a avoué que durant plusieurs années elle avait « empoisonné tous les enfants par elle avait mis au monde ». En plus des cas d'infanticide, le suicide des esclaves était tout aussi répandu. Les Ibos et les Mines se suicidaient en groupe. Certains esclaves refusaient même de se marier ou de procréer. « Je me contente d'être misérable en ma personne sans mettre au monde des enfants qui seraient peut-être plus malheureux au moi ».

P. Levasseur raconte qu'un esclave auquel il avait demandé pourquoi il ne se mariait pas lui avait répondu : « Mon maître prendrait ma femme le lendemain de mon mariage[32] », car pour se marier il fallait obtenir l'autorisation du maître. Quant aux enfants, dès l'âge de 14 ans ils pourraient être légalement vendus et disparaître, pour être toujours séparés de leurs parents.

C'étaient le sort et les conditions de vie des esclaves, spectateurs lointains des fastes, du luxe et des plaisirs de Saint-Domingue. On ne leur permettait que leur Calenda du samedi soir, moment d'oubli où l'esclave se sentait comme indépendant, l'exutoire physique de son agressivité et de ses frustrations accumulées, mais aussi la seule manifestation mondaine acceptée pendant un certain temps tout au moins.

Malgré des aspects extérieurs de soumission, cette situation inhumaine engendra dès le début un refus progressif de l'esclavage. C'est ainsi que naquit graduellement, insidieusement un mouvement de résistance, le Marronage, à la fois passive sous forme d'infanticide et de suicide, mais aussi sous une forme plus active, plus agressive et résolue, depuis l'élaboration d'un code de communication spécifique, le créole, jusqu'à la fuite pure et simple de l'habitation avec une organisation armée d'autodéfense et de guérilla.

La liste est longue des révoltes et des noms de chefs marrons, de toutes ethnies, congos, nagos, ibos et autres nations ; de toutes couleurs, noirs et mulâtres fuyaient l'esclavage et prenaient le large. « Tous les noms de Piton de Nègres, de Piton des Flandes,

---

32 Cité dans Antoine Gisler, *L'Esclavage aux Antilles françaises,* Éditions Universitaires, Fribourg, Suisse, 1965, p. 61-62.

de Piton de Ténèbres, de Crète à Congo, Macaya, Plymouth, rappellent des époques où des fugitifs se cantonnaient dans des points presque inaccessibles, ne fut-ce que par le défaut de chemin.[33] » De leurs repères, ils attendaient la nuit dans les grands chemins ceux qui passaient pour les voler et allaient d'habitation en habitation enlever du bétail pour se nourrir, avec la complicité de leurs camarades qui les cachaient dans leurs cases. Quand ce n'était pas une attaque directe de l'habitation pour l'incendier, brûler les récoltes ou égorger nuitamment tous les blancs. Dès 1786, certains, comme Jérôme dit Poteau, prêchaient ouvertement le massacre des blancs et l'indépendance de Saint-Domingue.

Notons d'ailleurs que le déséquilibre entre le nombre total des esclaves et celui des blancs contribuait à fragiliser le système colonial dont la vulnérabilité devenait extrême en cas d'insurrection.

Les chiffres, à eux seuls, parlent éloquemment : « ... à Saint-Domingue, les Blancs, à égalité de nombre avec les Affranchis, sont vis-à-vis des Nègres esclaves dans un rapport de 1 à 15. À la même date, à la Martinique, il n'y a que huit esclaves pour un Blanc, alors que les Blancs sont deux fois plus nombreux que les Affranchis. À la Guadeloupe, quatre fois et demie plus nombreuses que les Affranchis, les Blancs sont dans une proportion de 1 à 6.5 par rapport aux esclaves. Et que dire de la partie espagnole de Saint-Domingue, où il n'y a que 15 000 esclaves noirs pour 30 000 Blancs et 80 000 Affranchis [34]».

L'état des lieux en 1804

> « La prospérité monumentale de cette colonie a trouvé jusqu'à présent plus d'admirateurs que de critiques. Mais ceux qui percent dans l'avenir ne peuvent s'empêcher de le regarder comme très précaire et digne, sous ce point de vue, de mériter toute l'attention du gouvernement. À voir l'empressement avec lequel les propriétaires, dans les

[33] *Ibidem*, p. 485.

[34] André-Marcel d'Ans, *Haïti, paysage et société*, Karthala, 1987, p. 175.

mornes surtout, épuisent la portion de terre dont ils jouissent, on croirait qu'un ennemi les menace de s'emparer incessamment de leurs héritages. Les propriétaires de caféterie ont déjà épuisé et bouleversé la moitié des montagnes qu'ils cultivent et changé totalement le climat de la colonie [35]».

Girod de Chantrans qui séjourna en 1782 dans la plaine du Nord continue son témoignage alarmant :

> « Surpris autant que l'on peut l'être de la multitude des plantes, grandes et petites qui semblent croître à l'envi dans cette forêt et la rendent impénétrable aux rayons du soleil, je le fus bien davantage encore en examinant la qualité du sol qui les appuie où je ne découvre qu'amas informe de pierres calcaires couvertes de mousses extérieurement, avec quelques débris de végétaux pourris, au fond des crevasses qui les séparent. C'est principalement dans ces crevasses qui sont très multiples et de profondeurs très différentes que les racines des arbres vont s'établir pour puiser leur nourriture. Cela n'en est cependant pas général puisque j'en ai observé plusieurs qui n'avaient que le simple rocher pour base ».

... « Puisque l'on étend chaque jour à Saint-Domingue les défrichements des montagnes, vous imaginez bien qu'il n'en reste plus à faire dans les plaines. Depuis le pied des mornes jusqu'à la mer, tout est cultivé ou l'était autrefois. » En 1782, « dans la plaine du Nord il n'y a plus d'autres forêts que celles qui couronnent les mornes ».

« L'empressement des propriétaires des caféteries à défricher les forêts qui leur restent, fait craindre avec raison de voir toutes les montagnes de la colonie mises à nu et stériles dans une cinquantaine d'années et la plaine privée par-là de quantité de sources et d'eaux courantes, comme toutes les pluies dont elle est redevable à l'attraction des forêts et qui sont indispensables au succès de sa culture ».

---

[35] Girod de Chantrans, cité dans A.- M. d'Ans, *p.* 172.

> « Il est probable qu'en labourant et en engraissant les terres de Saint- Domingue abandonnées pour cause d'épuisement, l'on en tirerait un bon parti, mais le sol cultivable est encore trop étendu, pour que les habitants reviennent sur leurs pas. Ce n'est qu'après que le feu de la culture la plus dévorante aura passé sur la majeure partie des héritages, que l'on verra pratiquer un pareil genre d'industrie, pourvu toutefois que, d'ici à ce temps-là, l'on n'établisse point de nouvelles sucreries dans quelques parties actuellement incultes de la zone torride ».

Les pratiques agricoles dans ces conditions sont d'une économie destructive. Beaucoup d'auteurs ont dénoncé le déboisement anarchique et accéléré par la révolution du café. À la fin du XVIIIe siècle, les sols sont déjà suffisamment dégradés pour que l'on éprouve la nécessité des engrais.

En 1800, il ne devait pas rester plus de 10 000 Blancs à Saint-Domingue.

> « Tous les planteurs qui ont émigré ont vu leurs biens être sous séquestre... quant aux esclaves des ateliers, ceux qui n'ont pas été emmenés à l'étranger par leurs maîtres en fuite ou qui ne se sont pas enrôlés dans les armées rebelles, ils se sont égaillés dans les mornes, où ils s'exercent prudemment à l'autosubsistance [36]».

Le départ de tant de personnes entrainées résulta en une perte considérable de compétences administratives et techniques. On estime qu'entre 20 000 et 30 000 résidents blancs avant la révolution ont été ou tués ou ont émigré. Plus de 10 000 des 40 000 affranchis, noirs ou mulâtres ont disparu, de même que le tiers de la population des esclaves. Si on accepte que les morts sur les champs de bataille de Saint-Domingue soient le plus souvent des hommes à la fleur de l'âge, ce fait démographique donne une idée de la tragique diminution des ressources humaines qui en a résulté[37].

---

[36] André-Marcel d'Ans, i*bidem*, p. 178.

[37] Robert I. Rotberg, *Politics of squalor*, Houghton Mifflin Company, 1971, p. 48.

Les visiteurs sont frappés par l'aspect dilapidé des anciennes plantations remplacées par la petite propriété où les paysans pratiquent une agriculture de subsistance dont le surplus sera vendu au marché. À l'exception du nord du pays, les grandes propriétés, lorsqu'elles existent, appartiennent aux mulâtres.

Bryan Edwards[38] qui visita le Cap en septembre 1791, juste après la tentative de Boukman, nous a laissé cette description : « En arrivant à la ville du Cap, ce qui frappa notre attention fut une scène de dévastation par l'incendie que l'on peut à peine imaginer. La noble plaine avoisinante est couverte de cendres et sur les collines aussi loin que l'on puisse voir, partout les maisons et les plantations sont encore fumantes. » « La plaine du Nord, la Petite Anse, le quartier noir et Limonade avaient disparu. Pas une case, pas un pied de canne n'était resté debout... Les pertes de tout genre étaient évaluées à plus de six cents millions de francs. » Deux mille sucreries et mille deux cents caféteries ont été saccagées ou détruites.

> « Dans la belle plaine du Cul-de-Sac, autrefois 1700 carreaux étaient plantés en canne et mille cinq cents esclaves y travaillaient. Aujourd'hui, il ne reste pas sept carreaux en culture. Il n'y a pas eu cinquante travailleurs pour les mettre en valeur et le seul produit est en peu de sirop et de tafia qui se vend dans une petite boutique au bord de la route [39]».

Les plantations de coton de Saint-Domingue qui s'étendaient sur plus de 1500 carreaux de terre et produisaient environ 6 millions de livres annuellement furent en grande partie détruites par les incendies allumés au cours des guerres de l'Indépendance. La culture de cette denrée ne se releva guère sous le régime de la liberté et les exportations dépassèrent à peine un million de livres en 1830.

> « On m'a assuré que dans l'ancien régime, les plaines étaient si fertiles et récompensaient par une telle abondance

[38] Bryan Edwards, *St- Domingue...*, cité dans R. I. Rotberg, p. 43.
[39] Pauléus Sannon, *Histoire de Toussaint Louverture,* cité dans Willy Appolon, *Le Vaudou, un espace pour les voix,* p. 73.

l'industrie du propriétaire, que les montagnes de ce canton étaient négligées et délaissées. Ces collines sont maintenant couvertes d'une multitude de petits établissements où l'on s'occupe de la culture du café, des fruits, des légumes. [40]»
« Les anciennes grandes plantations autrefois florissantes sont ou désertes ou cultivées partiellement par quelques laboureurs selon les dispositions du code rural recevant le quart de la production. Sur les anciennes plantations de canne à sucre poussent des buissons de goyave et d'herbe où on laissait paître librement les animaux. Les paysans haïtiens n'ont pas de besoin. Ils vivent simplement habillés de façon grossière. Ils ne travaillent pas plus qu'il n'en faut. L'agriculture languit de même que le commerce ».

À l'exception peut-être de certaines parties de la plaine de l'Arcahaie, tous les systèmes d'irrigation furent détruits par la Révolution ou délaissés après l'indépendance, et « jusque vers 1830, particulièrement dans la partie méridionale du pays, un grand nombre d'habitations étaient encore dans l'état d'abandon où la révolution les avait mises[41] ».

La révolte générale des esclaves du 22 août 1791 a porté un rude coup à l'économie française.

« La balance commerciale de la France, qui en 1788 s'établissait à 612 millions de livres d'importation contre 542 millions d'exportations de denrées coloniales, n'était en effet excédentaire que grâce à la réexportation du sucre et d'autres produits des Antilles, soit une valeur de 150 millions. L'arrêt de la production sucrière de Saint-Domingue déséquilibre la balance des paiements extérieurs. Elle entraîne une chute du change français, aggravée par des phénomènes spéculatifs et provoque entre janvier et mars 1792 une crise marquée par la faillite de quatre banques parisiennes de second rang [42]».

---

[40] Révérend Hill, *Journal de voyage*, juin 1838, cité dans G. Barthélemy, i*bidem*, *op. cit.*.
[41] André-Marcel d'Ans, *ibidem*, o.*cit,* p.222.
[42] *Ibidem.*

Ce long exposé sur la structure et la mécanique des relations sociales de Saint-Domingue aura l'avantage de mettre en évidence des comportements qui vont traverser 1804 pour devenir des traits culturels identitaires ancrés chez l'Haïtien. L'indigénisation de ces comportements deviendra des pesanteurs. Nous verrons comment ils vont s'agglutiner pour faire obstacle à une cohésion du corps social global haïtien. Nous retrouverons ces traits identitaires dans l'énumération des causes intrinsèques de son sous-développement.

Causes intrinsèques du sous-développement, les pesanteurs culturelles

La société de méfiance

Ce n'est pas une société morte que nous voulons faire revivre, c'est une société nouvelle qu'il nous faut créer, riche de la puissance productive moderne, chaude de toute la fraternité ancienne.
Aimé Césaire, *Discours sur le colonialisme.*

Il revint au Dr Jean Price Mars[1], par son autorité morale et son intelligence bien ancrée dans la culture haïtienne, d'avoir reconnu que le vaudou est une religion à part entière, au même titre que toutes les autres.

> « Tous les adeptes croient à l'existence d'êtres spirituels qui vivent quelque part dans l'univers, en étroite intimité avec les humains dont ils dominent l'activité. Ces êtres invisibles constituent un olympe innombrable formé de dieux dont les plus grands portent le titre de « Papa » ou « Grand Maître » et ont droit à des hommages particuliers. Le culte dévolu à ces dieux réclame un corps sacerdotal hiérarchisé, une société des fidèles, des temples, des autels, des cérémonies et enfin, toute une tradition orale qui n'est certes pas

[1] Price Mars, *Folklore et Patriotisme*, Revue de la société d'histoire, Vol 28, N° 84.

parvenue à nous sans altération, mais grâce à laquelle se transmettent les parties essentielles du culte ».

Le vaudou a pris naissance en pleine période coloniale, à Saint-Domingue. Les premières manifestations étaient d'abord des réunions culturelles de solidarité raciale. On y dansait la calenda pendant une bonne partie de la nuit. Très vite cependant, les calendas sont devenues des prétextes et des couvertures à des réunions de résistance à l'oppression, pour ensuite passer au stade de réunions politiques franches où l'on complotait la révolte et la fin de l'ordre esclavagiste.

> « Ces conciliabules ténébreux ne sont pas un lieu d'amusement et de plaisir, mais plutôt une école où les âmes faibles vont se livrer à une domination que mille circonstances peuvent rendre funeste... un grand nombre de nègres y acquirent un pouvoir absolu sur les autres... un jour les nègres de l'habitation Dufresne, du Limbé, y avaient formé une calenda nombreuse. Makandal, qui était accoutumé à une longue impunité, vint se mêler à la danse... Ces réjouissances nocturnes provoquèrent de plus en plus d'inquiétudes [2]».

La parole de l'Oncle avait ouvert la voie à beaucoup de nos écrivains, ethnologues, sociologues qui se sont essayés sur le vaudou, soit sur un aspect purement descriptif, soit dans une analyse sociale ou sociopolitique. L'École d'Ethnologie avec François Duvalier en a vite conclu que 1804 est sorti directement du vaudou :

> « Suprême facteur de l'unité haïtienne en vue de l'indépendance nationale, les croyances africaines ont servi de ralliement en vue de la conquête de notre indépendance et le vaudou a généré 1804 [3]».

Soit que le vaudou fournissait le prétexte aux rencontres nocturnes pour comploter, soit qu'il possédait un potentiel de

---

[2] Moreau de St- Méry, *Description topographique, physique, civile, politique et historique de la partie française de e de St-Domingue.*

[3] François Duvalier, *L'évolution stadiale du vaudou*, collection Œuvres essentielles, 1966.

fanatisation qui irait décupler l'enthousiasme et l'ardeur guerrière aux moments opportuns, croyance en la protection contre les armes ennemies, à cause d'un talisman, croyance au retour en Guinée après la mort. « Montés par les lwas (lois) écrit Apollon,[4] ces soldats étaient invincibles et immortels au combat, suggestionnés par leur croyance et dynamisés par les esprits, ils accomplissaient des merveilles d'héroïsme. Ce fut un combat de géants entre les lwas et les soldats de Napoléon ». Ces croyances ont été ainsi, d'une certaine façon, à l'origine de certains actes de bravoure dont se sont illustrés nos héros, qu'il s'agisse de Hyacinthe, de Makandal, de Boukman, de Capois-la-Mort, de Dessalines, pour ne citer que ceux-là, les plus connus. « J'ai vu défier l'arme à feu, le fer et le poison dans la confiance que cet objet (un talisman) doit le mettre à l'abri de toute atteinte. [5]» « J'ai vu des noirs tombés en masse sur nos baïonnettes, ivres de rhum et de magie.[6] » Kétly Millet[7] pense que jusqu'au vingtième siècle, « les croyances populaires et plus particulièrement le vaudou ont été utilisés comme élément de stratégie, de facteur de ralliement et de prestige pour les chefs », au cours de la résistance Caco face aux Américains.

[4] Willy Apollon, *Le vodou, un espace pour les voix*, Édition Galilée, p. 51.

[5] Joinville-Gauban, *Voyage d'outre-mer*, cité dans L.F. Hoffman, *ibidem, op. cit.* p. 123.

[6] F. Mazère, *De l'utilité des colonies,* cité dans L.F. Hoffman, i*bidem, op. cit.* 123.

[7] Kétly Millet, *Les paysans haïtiens et l'occupation américaine,* CIDIHCA 1978.

Un phénomène similaire de fanatisme religieux explique le recrutement et l'audace actuelle de certaines fractions musulmanes au Moyen-Orient. Jeanne d'Arc est aussi un exemple de croyance religieuse qui peut fanatiser par un enthousiasme contagieux porteur d'héroïsme. Alfred Métraux[8] dont les observations descriptives et sociologiques pertinentes sur le vaudou demeurent encore une référence incontournable, remarque avec raison que le vaudou a profondément pénétré et marqué la mentalité haïtienne et fait partie de son identité de peuple. « La superstition est si étendue et si profonde qu'on peut dire qu'elle atteint tout le monde. Les meilleurs, même ceux qui ne la pratiquent pas, doivent résister aux impressions qu'ils éprouvent en face de certains faits, de certains gestes qui leur rappellent la superstition... tout l'être en est imprégné jusqu'au fond de l'âme, jusqu'au moindre détail de l'existence est dominé par cette croyance ». Personne ne peut le nier. « On se fait protestant pour échapper et se protéger de

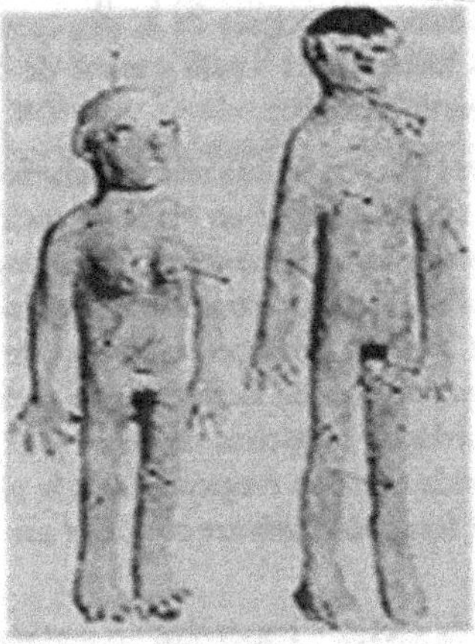

Poupées de sorcier berrichon de la province française de Berry. que clou planté induit une maladie. Mais qui aurait cru que l'utilisation de tage sur les figurines ne se limitait pas à d'obscurs rituels domestiques et lés, mais trouvait sa place au beau milieu des églises? Alors que certains ethnologues du vaudou attribuent la paternité des fameuses «poupées udous» à l'Afrique Centrale (Source Internet, **Les pratiques de sorcellerie dans le Vaudou et l'occident chrétien)**

[8] Alfred Métraux, *Le vaudou Haïtien,* Gallimard, 1958, p. 50.

l'emprise des lwas, c'est l'admission indirecte de leur existence et de leur pouvoir maléfique. »

« Grattez le Haïtien le plus cultivé, sous la couche dont la civilisation l'a revêtu un siècle de progrès intellectuel, vous trouverez le Guinéen.[9] » Il est vrai que toutes les civilisations, africaine, européenne et asiatique, dans une certaine mesure, ont eu aussi leurs « superstitions vaudoues », leurs devins, leurs tireuses de cartes, leurs « psychics » consultés de plus en plus ouvertement par certaines personnalités occidentales. « Ces superstitions, ces pratiques, cette invasion du réel par le fantastique, n'ont rien d'extraordinaire. Hier, elles furent exactement les nôtres, écrit Michelet dans la Sorcière, en faisant le rapprochement entre nos cerfs (français) et les esclaves de Saint-Domingue.[10] » Les surprenantes poupées vaudoues berrichonnes,[11] transpercées d'aiguilles, retrouvées en France dans des églises de la province française du Berry, témoignent de l'universalité de certaines pratiques et aussi de l'influence indiscutable de la sorcellerie française dans la formation du vaudou haïtien. L'occident chrétien souffre d'une sorte d'amnésie collective qui lui fait oublier ou renier cet aspect d'une sous-culture qui persiste encore chez lui. En Haïti, Price Mars a caractérisé ce reniement par certains de nos compatriotes de bovarysme.

« Le folklore, étant l'expression d'un fait humain, est la manifestation de croyances et de mœurs qu'on est susceptible de rencontrer selon des modalités diverses n'importe où sur la surface du globe. » D'ailleurs, les progrès techniques n'empêchent pas l'irrationnel de se perpétuer au cœur des sociétés occidentales. À Paris, à Montréal et à New York un vaudou d'importation met en transe avocats et médecins et des Américains débarquent en Haïti

---

[9] Rulx Léon, *Médecine et superstition*, cité dans L.F. Hoffman, *ibidem, op.cit*, p. 153.

[10] Jacques Barros, *Haïti de 1804 à nos jours*, L'Harmattan, 1984. p. 692.

[11] *Démocratie et éthique vaudou en Haïti*, Frantz Douyon, L'Harmattan 2018, p. 52.

pour « vaudouiser ». Karen McCarthy Brown, une Euro-Américaine, est une mambo initiée en Haïti qui professe à New York.

Marcel-André d'Ans n'a certainement pas raison de dire que « les survivances africaines en Haïti sont souvent improuvées, quelques fois même improbables, et toujours d'ordre purement anecdotique ou lexical. Haïti n'est reconnaissable en tant qu'Africaine, que par l'origine physique de sa population. Ce sont des coquilles vides purement formelles et souvent isolées. L'idéologie africanotrope a été introduite de l'extérieur, postérieurement à l'élaboration de la culture populaire haïtienne ou à tout le moins, son africanotropisme originel a été profondément interprété dans le sillage premièrement de l'indigénisme bourgeois du début du XIXe siècle, puis ensuite de l'ethnologisme noiriste de l'époque duvaliériste ». Cette conclusion vient du fait qu'il avoue avoir été frappé par le parallélisme entre certaines conceptions populaires haïtiennes et les enseignements du Grand et du Petit Albert. Hoffman donne aussi l'exemple « des envoûtements à l'aide de poupée à l'effigie de la victime et les lycanthropes suceurs de sang, introduits par les Boucaniers qui revivent en Haïti sous forme de loups-garous... », qui viennent de l'Europe.

L'influence africaine dans le vaudou haïtien est reconnue comme majeure, prédominante, indéniable dans la cosmogonie, dans la nomenclature identique des objets de culte et des rituels. Cependant la contribution de la France à la magie et à la sorcellerie haïtiennes est aussi loin d'être négligeable. Un certain nombre de croyances et de pratiques prétendues africaines ont une origine normande, picarde ou limousine[12]...

De toute façon, exaspéré, l'Oncle avait déjà tranché : « Nous ne sommes pas les Français colorés dont se gargarisent les attardés d'un colonialisme suranné ni les Africains dont se réclament des racistes à rebours... »

En fait, le vaudou est l'expression d'un mélange de magie africaine, de sorcellerie française, de rituels amérindiens,

---

[12] Alfred Métraux, *Le vaudou haïtien*, Gallimard, 1958, p. 239.

catholiques et francs-maçons. C'est le résultat d'un syncrétisme multiple fondu au moule du désir d'apprivoiser et de s'approprier toutes les forces surnaturelles possibles quelles qu'elles soient, d'où qu'elles viennent, pour les mettre à son service.

Ce qui nous intéresse, c'est l'après 1804 !

Après 1804, on aurait voulu faire table rase du mode de production esclavagiste et du genre de société raciste qu'il avait produits, pour l'émergence d'une société nouvelle exemplaire, libre, juste, selon le vœu des Pères de la patrie, exprimé dans la première constitution du pays.

La réalité fut différente et bien plus difficile. « Ayant brillamment résolu le problème de sa liberté collective, la société haïtienne se trouva sans référence face au problème de la liberté individuelle. »

C'est encore l'Oncle[13] qui donna l'heure juste.

> « Les jours qui suivirent le 1er janvier 1804 furent plus souvent rayés d'ombre qu'empourprés de lumière. L'ère des héroïsmes était close, celle de l'organisation administrative commençait. Tâche ingrate et minuscule, si on la compare à l'auguste épopée dont la genèse avait fait jaillir des bas-fonds de la servitude tant d'hommes transcendants. Tâche colossale tout de même si d'elle devait dépendre la stabilité du nouvel État et la norme de son progrès. Mais, dans la construction de la cité, les héros d'hier se montrèrent fort souvent inférieurs au rôle nouveau qui leur était dévolu. À la discipline du soldat succéda l'incompétence de l'administrateur, à l'abnégation du patriote se substitua l'ambition anarchique du compétiteur. C'est ainsi que des haines cristallisées, des préventions comprimées naquirent des divisions néfastes qui furent les plus efficientes parmi les causes des incertitudes, des tâtonnements, des heurts dans lesquels nous avons vécu pendant plus d'un siècle de vie nationale. »

---

[13] Jean Price Mars, *Une étape de l'évolution haïtienne,* cité par Sténio Vincent, *En posant les Jalons,* t. 1, p.. 83.

Après 1804, il est intéressant et curieux de constater que les chefs, les nouveaux maîtres qui hier encore s'étaient prévalus, qui s'étaient inspirés, qui avaient même bénéficié du vaudou, à l'aurore de la victoire, en mal de reconnaissance ont mis un soin à combattre l'allié d'hier. Ils en empêchèrent les manifestations et déclarèrent superstitions les vieilles croyances ancestrales. « La vieille religion primitive nègre est mise hors la loi, poursuivie, comme legs indésirables d'un passé honteux, au niveau du statut politique du citoyen haïtien.[14] »

Boisrond Tonnerre[15] explique la répression du vaudou par Dessalines et Christophe du fait de la nécessité de mettre un terme à l'action dissolvante des chefs de bandes. Il soulignait le peu d'ensemble et d'accord qui régnait dans leurs troupes. Les malheureux se divisaient avant d'avoir pu se réunir. D'après Madiou[16], le chauvinisme, l'hostilité et l'agressivité dictaient à chaque bande la conduite à tenir dans ses rapports avec les autres.

> « Les Africains refusaient de se laisser commander par les noirs créoles. Ils avaient tous en horreur l'organisation militaire. Ils refusèrent constamment de l'adopter. Ils combattaient comme en Afrique par tribus, précédés de leurs sorciers... comme ils n'adorent pas le même dieu, ils se haïssent, s'épient réciproquement et leurs projets sont presque toujours dénoncés ».

C'est à ce moment que se produisit une cassure historique profonde, qui aboutit à l'arrêt de l'intégration dans la formation sociale de la nation haïtienne.

D'un côté se tenait désormais le peuple des campagnes, sobre, refusant de rentrer dans la spirale de consommation, perçu et traité « d'ignorant, moutonnier, superstitieux, sans besoin, de mœurs plutôt dissolues, sans goût pour le travail[17] ». Schœlcher a dit qu'il

---

[14] I*bidem.*

[15] Thomas Madiou, cité dans L. F. Hoffman Haïti. i*bidem, op. cit*, p. 123.

[16] Thomas Madiou, cité dans L. F. Hoffman Haïti. i*bidem, op. cit*, p. 123.

[17] Sténio Vincent, *Efforts et résultats*, p. 149.

n'avait aucun besoin acquis et n'en éprouvait aucune frustration. Une économie des besoins ne le poussait pas à poursuivre le profit au-delà de la satisfaction de ces besoins. Le paysan était plus concerné au maintien de son genre de vie traditionnelle, mais pas à l'augmentation de sa productivité. Son expérience ne l'avait pas convaincu que l'effort d'augmenter sa production lui serait profitable. Il aurait fallu que les bienfaits de l'augmentation de la productivité arrivent jusqu'aux paysans, il leur aurait fallu une récompense économique ! Même Firmin[18] écrivait :

> « Les Nègres transportés à Saint-Domingue n'avaient aucune disposition pour évoluer immédiatement vers les formes sociales supérieures. Non seulement les dispositions psychologiques n'existaient pas, mais il y avait souvent tout au fond de leur être des inclinaisons ancestrales qui les attiraient vers une rétrogradation malheureuse ».

Janvier[19], le plus grand doctrinaire de la question sociale en Haïti d'après Duvalier, affirmera :

> « La France est la capitale des peuples, Haïti est la France noire... la langue française est la seule langue parlée en Haïti. Au contact de l'élément européen, il s'est produit une amélioration puis une véritable transformation intellectuelle et de plus, une très notable sélection physique. »

De l'autre côté, c'était le bovarysme, que l'on a vu se dessiner chez L. J. Janvier, une élite honnie et jalousée, inconnue des masses... d'intelligence vulpine... désirant se distinguer en adoptant des valeurs d'importation, des signes extérieurs culturels de la civilisation européenne, l'éducation, la langue française, les habitudes vestimentaires.

Entre les deux, « un État qui apparaît comme détaché, distinct de la communauté politique qu'il est censé représenter, un État

---

[18] A. Firmin, *Roosevelt...*, cité dans L.F. Hoffman, *op.cit,* p. 38.

[19] L.J. Janvier, cité dans L. Hurbon *Comprendre Haïti..., op. cit*, p. 48.

négatif, sans cohésion et sans gouvernement. Alors que reste-t-il ? L'autorité, une autorité trop souvent incivile et déprimante[20] ».

La classe dirigeante[21] bovaryste qui a contrôlé l'État avait des valeurs, des préoccupations déterminées par des critères extérieurs étrangers aux conditions d'existence et aux aspirations de la collectivité globale. On constate aisément « qu'il y a eu une ségrégation nette entre l'élite intellectuelle urbaine et la masse illettrée rurale ; dans le domaine culturel, la Merengue, le Bolero, le Compas et le Koudjay, la musique racine ; le Mardi Gras et le Rara ; de la linguistique, les francophiles et les créolophones ; de la religion, les catholiques et les vaudouisants ; du statut des personnes, le code Napoléon et le droit coutumier. D'un côté sera maintenue une organisation militaire de type occidental et de l'autre la dispersion sous forme de bandes locales des « sociétés secrètes ». L'histoire rurale et l'histoire urbaine ne coïncident pas au-delà de l'agglomération physique obligée. Les fêtes nationales urbaines ne sont pas nécessairement les mêmes que les fêtes populaires rurales. La relation entre ces deux communautés nationales n'est pas fondée sur un pacte d'égalité citoyenne, mais sur le maintien des rapports de force discriminatoires avec le chef de section et le gendarme dans le rôle du commandeur d'autrefois. Price Mars aura donc raison de décrire la réalité de « deux nations dans la nation ».

Apollon[22] souligne ce démarquage en des accents très lyriques :

> « ... du temps de la colonisation, il était idéologiquement bien vu d'être vaudouisant. Après l'indépendance, le vaudou est mal vu ; être vaudouisant, c'était appartenir à un espace démoniaque, lieu du crime, de la mauvaise conscience... ! Le vaudou est devenu reliquat de l'Afrique sauvage, une maladie mentale ! Être vaudouisant c'est transgresser, c'est être étranger dans sa propre demeure, un être venu d'ailleurs. Après l'indépendance, le vaudou devenait une culture inavouable, parce que n'ayant pas de

---

[20] Sténio Vincent, *Efforts et résultats*, cité dans G. Barthélemy, *Le pays en dehors*, *op. cit*, p. 51-128.

[21] Frantz Douyon, *Démocratie...*, *ibidem, op cit,* p. 85.

[22] Willy Apollon, *Le vaudou... ibidem, op. cit*. p. 80-90.

place qui lui soit assignable dans la vie nationale et notre vie sociale. » De l'autre côté, « ne pas être vaudouisant, c'est en soi-même refouler systématiquement tout le non maîtrisable et tout l'angoissant, devenir le geôlier du plus étrange de soi, un policier de la libido... l'identification nationale se fit pendant un siècle sur la base d'un refoulement consistant à ignorer, à oblitérer ce qui nous rendait différents des autres nations ».

Le vaudou est alors retourné dans son lieu clandestin, il s'est retranché dans sa culture de résistance. Le marronnage physique, dans sa forme de refus originale, n'existera plus. Mais, sous une apparence de soumission, il subsistera sous une forme plus insidieuse de recherche permanente de moyens de fuite et d'évitement. Le marronnage deviendra psychologique, avec pour finalité de contourner, de paralyser et de rendre ineffective toute structuration qui émanera de l'extérieur.

Pour W. Apollon[23] « le vaudou est encore à libérer. La transformation éventuelle de ce rapport des forces ne se fera et ne s'est pas faite dans le passé, sans que soit mise en branle toute cette machinerie pulsionnelle qui permet à une masse de percevoir autrement sa situation et d'introduire dans cette perception la folie et l'utopie suffisantes pour rompre des chaines historiques, politiques, sociales et économiques ».

Pour Hurbon[24], « reprocher au vaudou de maintenir le peuple dans l'irrationnel et de ne pas avoir le sens de l'histoire, du progrès, c'est le méconnaître comme le langage même de cette histoire et de ce progrès, opéré sur la base de la domination au profit d'une minorité, plus précisément, c'est le méconnaître comme le retour du refoulé dans cette histoire et ce progrès ».

Barthélemy[25] y voit une opposition Bossales/Créoles, le blocage du processus de créolisation. Une victoire à l'usure des premiers, la nation créole qui n'a jamais pu assimiler la nation

[23] *Ibidem.*

[24] Laennec Hurbon, *ibidem. op. cit.*

[25] Gérard Barthélemy *Le pays en dehors*, Éditions Henry Deschamps/ CIDIHCA, 1980.

bossale (n'a su que l'asservir). « L'émergence de l'État se heurtait à l'apparition de modes de fonctionnement sans État. La plantation se trouvait peu à peu supplantée par le lacou, le système de contre-plantation, le choix de la petite propriété familiale pour la satisfaction des besoins immédiats de survie. Cette opposition a réussi à empêcher le maintien de l'appareil colonial fondé sur les latifundia, la monoculture spéculative et l'extraversion de l'économie au sein d'un État monolithique. Toute l'histoire du pays depuis l'indépendance va donc être marquée par ce dualisme fondamental, par cet éclatement qui en lui-même et par la nature du rapport colonial ne va cesser de se consolider entre les deux protagonistes par État interposé. »

Le peuple haïtien a reçu en héritage et a modelé la religion qui lui sied et dont il avait besoin. Le vaudou n'est pas une religion révélée. L'archange Gabriel n'est pas apparu à Bookman ni à Antoine Lan Gomier pour leur donner des « tables de lois ». Les Hougans les mieux informés n'ont pas d'explication à donner sur les origines et les raisons de tel ou tel signe de leur pratique.

Le vaudou est une religion qui a évolué dans la précarité, en symbiose avec des hommes inquiets, pour satisfaire leurs besoins de spiritualité, selon leurs aspirations et leur vécu.

> « Ce vécu sur sol antillais s'était réalisé sous l'égide de la contrainte, de la négation et de l'aliénation. L'esprit communautaire qui existait lors de l'arrachement de l'Afrique a été décomposé par l'entreprise coloniale et le passage servile. Chaque esclave devait alors développer ses propres stratégies de survie, pour déjouer l'emprise des maîtres et interdire la domination effective de la sphère communautaire africaine. Il choisira une résistance passive organisée en termes de refus face à tout ce qui émanait du maître. Cette dissimulation s'est enracinée et a marqué ensuite tous les rapports affectifs et sociaux en période coloniale pour se prolonger dans sa finalité en période postcoloniale. Cette expérience servile a donc progressivement altéré le rapport au monde et le rapport à l'Autre. Ce rapport à l'Autre est devenu difficile et conflictuel. L'Autre ne se situe pas dans une position

dialectique de celui qui attend la reconnaissance que j'attends de lui. L'Autre n'est pas celui qui pourrait me reconnaître comme existant véritable et me donner accès à une existence pleine et entière. Il m'apparait comme une menace qui proscrit tout échange, écarte toute possibilité d'affrontement et n'autorise que la fuite, le mimétisme ou le port d'un masque. L'autre est toujours un ennemi potentiel.[26] »

Cette perspective « déviante et fuyante » a transcendé l'ordre esclavagiste, a persisté au-delà de 1804. Cette idéologie de résistance a été funeste pour la cohésion sociale et le développement du pays.

Si les dieux vaudous sont exigeants, si « la crainte superstitieuse des maléfices fait que les Haïtiens taisent ou déguisent tout ce qui les concerne, leur date de naissance, leur adresse, leur nom, le nom de leurs enfants, leurs projets de voyage d'affaires[27] » ; si les fidèles demandent aux dieux, moins de leur accorder la fortune et le bonheur que d'écarter les malheurs qui les assaillent de toutes parts ; si, sous des dehors gais et optimistes, les paysans dissimulent une anxiété chronique qui dérive d'appréhensions malheureusement trop justifiées ; si le service des lwas impose de gros sacrifices ; si nos paysans parfois ne travaillent que pour un grand service et alors ils consomment dans une seule journée le produit de toute une année de labeurs rudes et constants ;[28]« si les productions de la majeure partie des récoltes du paysan sont employées à des dépenses inutiles ; si l'épargne des cultivateurs va grossir les trésors de ces potentats inutiles (que sont les Hougans) ; si le vaudouisant subit comme une fatalité cet héritage encombrant légué par les ancêtres de Guinée ; si le peuple rongé par la faim et la misère donne à manger aux lois ; si la peur des divinités joue un rôle essentiel, c'est parce que les dieux sont à l'image de la société haïtienne au passé difficile et quotidien incertain et menaçant. Le comportement religieux du vaudouisant

[26] Michaëlla Périna, *Citoyenneté et sujétion aux Antilles francophones*, L'Harmattan, 1997, p. 154-156.
[27] Roger Mortel, cite dans L.F. Hoffman, *ibidem, op. cit,* p. 40.
[28] *Journal du soir*, cité dans L.F. Hoffman, *ibidem,* p. 155.

influencera et sera influencé par cet environnement culturel précaire, désarticulé et angoissant. Les dieux vaudoux ont dû marronner aussi, comme leurs adeptes, derrière les statues de saints catholiques pour subsister. N'est-ce pas que « la mentalité magique est un effet habituel du manque de maîtrise sur le monde » ?

Le vaudou s'est imposé encore une fois, avec succès, comme un outil de résistance, mais cette fois au détriment du pays. La classe paysanne restera donc en dehors, maintiendra ses positions et finira par gagner à l'usure. Elle réussira à sauvegarder son mode de vie, à neutraliser et à anéantir toutes les priorités que l'État avait voulu lui imposer (et même depuis la fin du XXe siècle, sa culture semble être devenue dominante dans le pays).

Cependant, ce n'est pas le vaudou en tant que religion que nous mettons sur la sellette. Ce n'est pas non plus le contenu des croyances et pratiques religieuses vaudoues que nous interpellons. Nous ne pouvons pas cependant dissocier l'influence de ces croyances religieuses de la structure organisationnelle du pays et du sort de ses adeptes. Nous savons depuis Max Weber qu'il existe une relation étroite entre les formes de piété et les comportements socio-économiques. Nous interrogeons plutôt la forme de sociabilité privilégiée par la société vaudoue, dans la mesure où cette sociabilité a pu être préjudiciable à l'intégration et à l'épanouissement des différentes couches sociales et à la formation d'une nation haïtienne homogène.

L'échec des théories et des pratiques économiques de promouvoir un développement dans le Tiers-Monde donne de plus en plus de crédit et d'importance aux facteurs mentaux et culturels. L'expérience décevante des décennies de développement économique du siècle dernier a nettement démontré que le développement n'est pas le produit du capital et du travail. Il ne peut être télécommandé uniquement par un apport de capitaux et de techniques. L'existence d'une structure idéologique favorable s'avère déterminante comme préalable à l'évolution des conditions économiques.

> « Le développement socio-économique repose sur un lien social fort et fécond, la confiance réciproque entre citoyens,

hommes et femmes, entre parents et enfants, entre le chef et les hommes qu'il conduit. Il est responsable, connaît ses contreparties, ses devoirs et ses limites. Il respecte l'initiative personnelle.[29] »

Après 1804, l'épanouissement de la société vaudoue en Haïti a ignoré et entravé les données élémentaires du vivre ensemble.

Une société haïtienne divisée, faite de groupuscules juxtaposés avec chacun un agenda particulier, sans lien de solidarité, pas concernée par le bien-être de tous, est une société incompatible avec les idéaux démocratiques. La priorité au sein de cette société haïtienne frileuse est la survie individuelle, chacun essayant de se prémunir constamment et le mieux possible, contre les embuches potentielles dont certaines sont identifiées être d'origine maléfique. Une société aussi antagoniste est propice aux luttes intestines, à la jalousie sociale, à l'enfermement et à l'agressivité de la surveillance mutuelle. Au sein de ce corps social non homogène, en déséquilibre, toujours en voie de formation, la pollution du vaudou par des pratiques magiques perçues comme omniprésentes et généralisées va donner naissance dans le pays à une société basée sur l'insécurité, la peur, la méfiance et la paranoïa. On a peur des zombis, des zobops, des cochons sans poils, des *ouangas*. On se méfie du voisin, trop souvent de proches parents, et la liste est longue.

« Le moi ne s'éveille que par la grâce d'un toi ! » Ce duo sociologique élémentaire accueillant et ouvert à l'autre doit se répandre à travers toute la population sur le territoire national, pour devenir l'unité de base qui devrait souder le groupe humain dans une solidarité d'où émergera la nation. Ce jeu interactif oblitéré par la méfiance identitaire sous-jacente a échoué. Les mécanismes usuels qui intervinrent dans la formation d'une cohésion sociale n'ont pas joué leur rôle prépondérant dans l'agglomération sociale haïtienne.

---

[29] Alain Peyrefitte, *La société de confiance*, Éditions Odile Jacob, 1998.

C'est triste de penser que « Zanmi pre se kouto de bò, Zanmi lwen se lajan sere[30] ». L'homme est un animal sociable qui ne peut trouver son bonheur que dans et par l'amitié. L'amitié soude les êtres humains, c'est par elle que se propagent les valeurs communes, que se forme la conscience du bien commun. Les individus et les groupes doivent pouvoir entrer en contact, établir des relations honnêtes et échanger en faisant confiance à leurs amis et à leurs partenaires. Cette « société de méfiance » qui est la caractéristique culturelle prédominante de la nation haïtienne est un obstacle important à une cohésion sociale.

« Le monde vaudou est peuplé d'ennemis dont il faut se protéger. Le vaudouisant doit ainsi investir beaucoup pour se prémunir de toute attaque ennemie. C'est un système attaque et défense.[31] » Pour le Dr Legrand Bijou[32], psychiatre, « la plus grande partie de nos malades mentaux présentent des symptômes paranoïdes, l'atmosphère d'insécurité dans laquelle vit la majorité des Haïtiens plongés dans les croyances et les pratiques du vaudou explique cet état d'anxiété. Les croyances vaudoues jouent un rôle dans l'apparition des maladies mentales ». Même constatation chez le psychiatre Luc Turnier[33] à Montréal : « Les symptômes des maladies mentales chez le Haïtien ont une coloration vaudouesque. À la base de ses préoccupations délirantes se manifeste presque toujours une peur des esprits malfaisants, mobilisés par l'action maléfique d'autrui. » « Il est difficile d'interpréter autrement la transe qu'en recourant à la notion de désespoir » soutient le psychologue Emerson Douyon[34].

Après 1804, il y a eu détournement de la finalité de l'activité de production vers la satisfaction des besoins de l'État. L'introduction du métayage contribuera à déresponsabiliser à la

---

[30] « Zanmi pre se kouto de bò, Zanmi lwen se lajan sere : l'ami proche est un couteau à double tranchant ; l'ami éloigné, c'est de l'argent en banque.

[31] Emerson Douyon, *La démocratie impossible*, sous la direction d'Alain Foubert, Ulysse Internationale, 1993.

[32] Dr Legrand Bijou, cité dans L.F. Hoffman, *ibidem op. cit*. p. 166.

[33] Dr Luc Turnier, *Dépression chez l'Haïtien*, collection CIDIHCA, 2002.

[34] Emerson Douyon, *La démocratie impossible*,. .*ibidem*, *op. cit*,

fois le propriétaire et le paysan à investir dans l'amélioration des méthodes de culture quand ils devaient partager le profit de leurs investissements. Le travail était devenu imposé et aliénant, et les masses ne s'étaient pas reconnues dans la nouvelle société.

> « Elles retourneront donc au vaudou où elles pouvaient trouver l'exutoire, l'espace et le refuge où elles pouvaient se retrouver entre égaux avec les mêmes aspirations. Ce qu'elles ne pouvaient espérer au niveau des structures politiques, économiques et sociales, prenait, dans le vaudou, figure et sens dans l'imaginaire collectif »

Les marrons d'hier sont devenus Zobops, Bisangos, des sociétés secrètes, « ces damnés de la nuit, considérés comme des branches hérétiques par rapport à la pure tradition vaudoue, dont le nomadisme et les activités clandestines sont centrés sur la violence et l'agressivité[35] ».

Il est évident que ces sociétés qui contrôlent l'ensemble des activités sociopolitiques de l'arrière-pays professent une culture qui est l'antithèse d'une société démocratique. Après 1804, il n'y a pas eu de contrat social, car un contrat social suppose l'existence de liens socioaffectifs entre les individus qui forment le même corps social. L'autre doit être reconnu comme un humain égal, source de libération et de richesse, pas comme un être menaçant.

Après avoir relevé le rôle politique et social qu'avait joué le culte vaudou en Haïti dans le passé, J. C. Dorsainvil conclut que son influence était devenue préjudiciable dans la mesure où elle encourageait les paysans à rechercher des solutions à de problèmes économiques et techniques à travers des sacrifices propitiatoires, le vaudou était devenu notre grand malheur.[36].

> « Il faut de la confiance en soi pour viser à l'autonomie, prendre des risques, rechercher l'épreuve de sa capacité, accepter des responsabilités. Il faut aussi de la confiance en autrui pour rechercher l'association, travailler en équipe,

---

[35] Michel Soukar, *Le vaudou haitien,* source internet.

[36] Cité dans Annales, économies, sociétés, civilisations, 30ième année, 1975

accepter de déléguer, de décentraliser, de tolérer des divergences[37]».

On mesure l'ampleur du handicap et on comprend mieux la genèse des traits de la mentalité haïtienne, baignée dans cette société recroquevillée et paralysée par la méfiance réciproque, peu propice à une organisation sociale cohérente, qui empêche que bien « des formules qui ont réussi ailleurs tournent court en Haïti. Le vaudou occupe une grande place dans cette mentalité qui résiste à tout changement », conclut le professeur Emerson Douyon.

---

[37] Alain Peyrefite, *ibidem*, *op. cit.*

La culture de l'arbitraire

Humide et froid séjour fait par et pour le crime
Ou le crime en riant immole sa victime,
Que peuvent inspirer tes fers et tes barreaux,
Quand un cœur pur y goute un innocent repos ?
Boisrond Tonnerre sur les murs de la cellule de la prison avant son exécution

« Si le monde est une vallée de larmes,
Haïti est le point le plus arrosé de la vallée. »

La confiance en l'Homme[1], « la société de confiance » a des implications et des ramifications sociopolitiques profondes et importantes. « La confiance en l'Homme conduit nécessairement à la reconnaissance de l'existence de ses droits naturels, à la reconnaissance du droit des individus et des collectivités à être les acteurs de leur histoire et pas seulement à être libérés de leurs chaines. Avoir confiance en l'Homme, c'est accorder à chacun suffisamment d'espace pour réaliser ses propres fins particulières et uniques. » Le respect des droits naturels devient ainsi inséparable de la liberté individuelle. Il reconnait que l'individu ne progresse et ne s'épanouit que dans un espace de liberté. Il conduit à la reconnaissance politique effective des libertés citoyennes, vers une organisation démocratique de la société. À l'opposé, la société de méfiance engendre une organisation réactionnelle basée sur

[1] Alain Peyrefitte, *Ibibem, op.cit.*

l'arbitraire et le despotisme. Une telle société est dirigée sans référence à des règles fixes connues, qui seront vite remplacées par la volonté fantaisiste et changeante du chef, sans souci de justice et d'équité. La liberté, c'est la liberté de l'autre de penser et d'agir différemment dans les limites permises par la loi.

> « C'est le plus grand malheur pour un peuple que cette manifestation psychologique presque pathologique de l'apothéose de l'assassinat politique agrémenté de dilapidations financières et de l'esclavage social sous prétexte que ces tyrans auraient fait des réalisations.... L'histoire est une balance de précision. Le culte de tyrans sanguinaires est le plus grand crime historique[2] ».

Il est à noter que la déportation de Toussaint Louverture, le précurseur, s'est faite dans la plus grande indifférence et n'a donné lieu à aucune manifestation de sympathie, sauf de la part de Charles Bélair qui sera d'ailleurs éliminé par Dessalines. Il en a été de même de la mort de Christophe, le civilisateur, et de celle de Dessalines, le libérateur, si on exclut dans ce dernier cas la velléité de vengeance sans lendemain de quelques rares officiers comme Boisrond Tonnerre, Juste Chanlate, Capois-la-Mort et Inginac. L'histoire invite à méditer en retenant que Pétion, papa bon cœur, connu pour son tempérament débonnaire, laxiste même, est le seul qui a été pleuré par tout le peuple à sa mort.

> « La principale cause des révolutions est, sans contredit, cet esclavage qu'on nomme le système militaire. Le manque de discipline, d'éducation rend ce militarisme dégradant... les institutions civiles s'affaiblissent, les conspirations deviennent nombreuses... les plus nobles intentions ont été rudement condamnées... qu'il y a eu de bannis, que de victimes malheureuses ont été jugées et exécutées coupables de crimes politiques.[3] »

---

[2] Dantès Bellegarde, *Un Haïtien parle,* Chéraquit Imprimeur-Éditeur, Port-au- Prince, 1934, p. 195.

[3] Dantès Bellegarde, *La résistance haïtienne*, Éditions Beauchemin, 1937, p 29-30.

De 1804 jusqu'à 1915, sauf deux exceptions, Michel Oreste et Davilmar Théodore, aucun civil n'a eu la possibilité d'accéder à la présidence, même si le général Salomon et le général Tancrède Auguste n'ont jamais commandé une armée. « A-t-on jamais vu toutes les autorités entre les mains du civil ? » disait Toussaint Louverture. Dès l'époque de sa toute-puissance, 10 % de la population étaient sous les armes, pour un militaire on comptait quatre civils. Sous Dessalines, l'armée comptait 52 500 hommes, soit 19 % de la population.

John Candler[4] écrivait en 1840 que « L'effectif de l'armée s'élevait à 28 151 hommes et son entretien à 1 418 557 $. C'était une somme relativement petite pour une armée de cette importance, mais une somme considérable pour Haïti dont les ressources sont limitées. Un homme sur cent (100) était enrôlé dans l'armée alors que l'Angleterre et l'Irlande avaient un soldat sur deux cent vingt-cinq (225) et beaucoup de pays européens en avaient encore une plus faible proportion. » « Les caprices, les chimères et les fantasmes des dirigeants politiques et militaires se substituaient aux lois, quand elles existaient.[5] »

Le poids de l'armée devint encore plus encombrant après la signature de la dette de l'indépendance en 1825. La signature de cette dette constituait déjà un sacrifice énorme pour le jeune État dont les revenus économiques étaient faibles. Elle provoqua l'hostilité de la communauté, d'autant plus que les sommes allouées à l'armée dans le budget national étaient élevées.

Cabon écrivait en 1843 : « Les affaires de commerce sont entièrement mortes. Quant à l'agriculture, il ne faut pas en parler. À l'heure qu'il est tout le monde est soldat... ». Le pasteur Mark Baker Bird opinera de la même façon : « Des plantations de café abondent, mais elles sont négligées à cause du service militaire qui retient la majeure partie des hommes et les empêche de s'occuper de leurs travaux. [6]»

---

[4] John Candler, *Brief notices of Haiti*, p. 92.

[5] Cité dans L.J. Marcelin, *Haïti..., ibidem, op.cit,*. p 116.

[6] Pasteur Bird, cité dans S. Vincent, *En posant les jalons, op. cit.* p. 101.

En 1837, les revenus publics étaient de 2 032 522 $, tandis que les dépenses étaient de 2 713 102 $ dont 1 612 293 $ étaient alloués aux dépenses militaires, soit près de 60 %. Les faibles ressources en devises tirées du commerce extérieur seront affectées à l'achat d'armes, de munitions et d'équipements au lieu de contribuer à l'amélioration du bien-être social, à la construction d'infrastructures économiques, scolaires et sanitaires. Le financement des dépenses militaires s'est souvent fait avec des emprunts intérieurs qui ont eu pour effet d'augmenter les taxes et impôts sur le café, pour rembourser les dettes. Ce militarisme a favorisé l'éclosion de seigneurs de guerre ayant chacun sa portion de territoire. On a noté ainsi une baisse de la production agricole pour l'exportation, les paysans ayant été embrigadés de force dans l'armée pour servir de chair à canon dans les différentes campagnes militaires et dans des guerres civiles[7].

> « Le marché de fournitures est un contrat passé par une administration avec un ou plusieurs individus chargés de procurer à l'État certaines fournitures nécessaires au service public. De nombreux négociants trompent journellement le gouvernement par la contrebande en lui vendant des fournitures pour l'armée à des prix doubles, triples et quadruples. *(La surfacturation reconnue et dénoncée en ce XXIe siècle n'est donc rien de nouveau dans les habitudes de corruption pratiquées dans le pays.*) Je vois par exemple dans le rapport de la commission que le beurre fourni à la marine a été vendu 7.5 fr la livre au lieu de 2,50 fr qui était le prix courant à l'époque, le café 1.35fr au lieu de 0.65 fr. L'armée est surtout d'un bon rendement, tant par les commandes d'armes, de munitions et d'équipements que pour la majorité des effectifs. Les achats d'armes et de munitions, uniformes et autres équipements militaires donnaient toujours lieu à des pratiques de corruption qui grevaient le budget [8]».

[7] Leslie J. R. Péan, *Économie politique de la corruption*, p. 220.

[8] L. -J. Marcelin, *Haïti et ses guerres civiles*, Éditeurs Arthur Rousseau, Paris, 1892, p. 100-102.

« Avec le règne de l'arbitraire, une tradition de meurtre s'installe comme passage obligé pour la solution des conflits et particulièrement dans la lutte pour la conquête du pouvoir politique. Le système politique se développe en dehors de toute conception de droits de l'individu et du citoyen. Le pouvoir est absolu. Les gouvernements se substituent à l'État et violent les lois qu'ils ont eux-mêmes promulguées. L'anarchie est de mise sous le masque de la raison d'État.[9] »

« L'horreur de ces exécutions sommaires, dont le moindre inconvénient est de trop mêler l'étranger sur notre caractère national, en faisant au peuple haïtien une réputation imméritée de barbarie. Il est indéniable que certains actes de notre vie politique dénotent une absence totale d'intérêt pour la conservation de la personne humaine. Cela tient d'abord à notre façon d'entendre le pouvoir politique » écrivait Georges Sylvain.[10]

Des trente-cinq signataires de l'acte d'indépendance, seulement cinq sont morts de causes naturelles. Ils se sont entre-tués. Heinl[11] écrit que la trame de fond de l'histoire d'Haïti, écrite dans le sang, c'est la violence, l'intrigue, la trahison, les coups d'État, caste contre caste, couleur contre couleur, région contre région. Auguste Magloire[12] énumère soixante-neuf (69) révolutions entre 1806 et 1870. De 1807 à 1915, seulement 8 des 24 présidents ont terminé leur mandat, 17 ont été renversés par des révolutions.

Avec Boyer commença un cycle qui dura soixante-douze ans, dont le bilan se résume en vingt-deux gouvernements dont un seul terminera son mandat, quatorze finiront par une révolution, trois présidents meurent au pouvoir, un démissionne, un meurt dans

---

[9] Leslie J. R. Péan, *Économie politique de la corruption*, p. 163.
[10] Georges Sylvain, cité dans Sténio Vincent, *En posant des jalons,* p. 182.
[11] Robert Debs Heinl and Nancy Gordon Heinl, *Written in blood*, p.1 80.
[12] Auguste Magloire, *Histoire d'Haïti,* Imprimerie Librairie Le Matin 1900.

l'explosion du palais, un, dit-on, est empoisonné, un est déchiqueté par la foule.

Les guerres civiles entre Toussaint et Rigaud, ensuite entre Christophe et Pétion firent des coupes sombres dans les rangs des mulâtres détenteurs de savoir et de compétences techniques et obligèrent par la suite de nombreux autres à quitter le pays[13]. Christophe a eu la main très lourde contre ceux qu'il soupçonnait d'être dans son royaume des agents au service de Pétion. Il n'a nullement hésité à faire massacrer la portion la plus cultivée dit Madiou[14].

> « Les nuits d'horreur d'avril 1848 où les membres de la bourgeoisie connaîtront le même sort entre les mains des sicaires de Soulouque. Les Zinglins s'y donnèrent à cœur joie dans l'œuvre de destruction systématique des capacités techniques et intellectuelles du pays, particulièrement les gens instruits et les membres des professions libérales, professeurs du lycée, médecins, marchands »
>
> « Pendant toute la moitié du XIXe siècle, le sabre et la bêtise se disputèrent au Savoir. Généraux et satrapes militaires ne laissèrent pas de répit à l'Intelligence si rare, en ce siècle de peu de Lumière. Les quelques hommes de valeur intellectuelle de cette époque s'usèrent dans des conflits sans grandeur. Nord Alexis non content de faire partir en exil Anténor Firmin lança les pillards à l'assaut de sa bibliothèque. Il fit exécuter Masillon Coicou...[15] »

Dessalines, Christophe, Pierrot, Soulouque, Canal, Hyppolite, Nord Alexis, Légitime, Geffrard, Salomon, Simon, Vilbrun Guillaume Sam, Duvalier, ils ont tous eu leurs journées d'horreur macabres où les exécutions sommaires, parfois ciblées, souvent aveugles, ont fait de nombreuses victimes parmi les opposants réels ou supposés. Il faudra y ajouter les victimes non recensées des guerres civiles d'Accau, de Goman, de Firmin, de Jean Jumeau, de Tanis, de Salomon, de Légitime et d'Hyppolite, les

[13] Luc Joseph Pierre, *Haïti, les origines du chaos, ibidem, op. cit*. p. 42.
[14] Ibidem, p. 88.
[15] *Ibidem.*

Cacos de Cincinnatus Leconte et d'Oreste Zamor, des Piquets de Antoine Simon et de Sylvain Salnave, les mitraillages nocturnes aveugles récents des bidonvilles en 1957 et en 1991. Port-au-Prince, Cap-Haïtien, Gonaïves, Ouanaminthe, St. Marc, Petit-Goave, Miragoâne, Cayes, Jacmel, Jérémie, aucune ville n'a été épargnée. Elles ont toutes eu leur lot d'angoisses et de deuils et chaque fois le pays en est sorti plus meurtri, la société plus recroquevillée, plus dépourvue, plus appauvrie avec la fuite ou la disparition de son élite intellectuelle et économique.

Un tel climat presque permanent de terreur et d'insécurité décourage et draine l'épargne, ruine l'économie et n'est certes pas propice à l'investissement.

Dans ces circonstances et cette atmosphère, souvent Far West, il n'est pas étonnant qu'Haïti n'ait jamais attiré de vrais investisseurs, capitalistes sérieux. Elle a le plus souvent été victime d'aventuriers sans scrupules, prêts à tout pour le gain facile et rapide, et pour cause, profitant de la complaisance, parfois de la complicité locale. Le capital est frileux. Il ne s'installe que dans un milieu où il existe une sécurité des personnes et des biens, où les règles du jeu sont bien connues, respectées et suivies, où il existe un système juridique indépendant, crédible et fiable. Le capital fuit l'instabilité et l'arbitraire.

> « Cette sorte de vie nationale composée de révoltes, de fusillades que nous avons adoptée depuis un siècle est certainement épouvantable.
>
> Nous conspirons, on conspire contre nous, nous tuons, on nous tue et ceux qui nous ont tués sont tués à leur tour. Il n'y a pas de raison pour que cela finisse. C'est la vendetta haïtienne.[16] »

On se souvient de ce télégramme historique connu, cyniquement laconique, « Dès la présente reçue, fusillez David Troy » et des communiqués ayant cette allure : « Les fidèles lieutenants du gouvernement toujours heureusement en éveil en eurent raison ; ces brigands ont été vigoureusement repoussés et châtiés. Que les

---

[16] Emmanuel Paul, « Aperçu d'un plan de gouvernement, » cité dans Sténio Vincent, *En posant les jalons*, *op. cit.* p. 129.

familles se rassurent. » « Malgré ces assurances données aux familles en février 1911 dès la nouvelle de la prise d'armes, les citoyens étaient de toutes parts pourchassés et les consulats se remplissaient. Il faudrait de nombreuses pages pour citer les noms, presque tout Port-au-Prince se mit à l'abri sous pavillon étranger, en attendant que ceux qui se croyaient le plus en danger pussent mettre la mer entre eux et l'autorité. On ne parlait que d'exécutions sommaires ordonnées la nuit dans les prisons. Chacun tremblait et ne songeait qu'à se garer... Ceux qui ont vécu les jours d'épouvante qui suivirent des exécutions sommaires de Port-au-Prince disent que jamais consternation ne fut plus grande. On s'approchait en tremblant. Chacun avait peur de chacun. Tout était morne et silencieux. La peur semblait sortir du sol même. Combien de fois ces scènes se sont-elles répétées... ? » Jusqu'à François Duvalier.

« Il était venu le temps de se parler par signes. »

On entend souvent les présidents dans leurs « *audiences* » en pleine air s'exprimer en ce langage barbare : « Vous, cessez vos propos, ou je vous fais fusiller ; Général, allez dire à un tel qu'il se tienne pour avisé, il marche son cercueil sous le bras. »[17]

« C'est une des pires horreurs de notre affreux régime militariste que la facilité inouïe avec laquelle on supprime, sans équivoque, l'obstacle humain. » Le choix a toujours bien joué, écrit Barthelémy, en faveur de l'homme le plus apte à réprimer, comme le veut la logique même de cet État commandeur.[18] L'élite de la plus glorieuse armée de l'univers est condamnée à périr parce qu'elle a pour mission d'étouffer ces mêmes droits, prophétisait St- Rémy des Cayes[19].

Cette violence d'État chronique généralisée, quasi culturelle, n'a été possible que par une complicité tacite de toute la classe politique pour garantir l'impunité de leurs auteurs. Rares sont ceux qui ont été punis, auquel cas, la punition, qui se voulait exemplaire, était aussi arbitraire et sommaire. Dessalines, Septimus Rameau,

---

[17] Gérard Barthelémy, *Le pays en dehors*, *op. cit*, p. 122-126.

[18] Alain Turnier, *Quand la nation demande des comptes*, ibidem, *op. cit*. p. 127.

[19] L. J. Montague, *Haiti and the United States,* 1714-1938.

Salnave, Vilbrun Guillaume Sam, ils ne sont pas nombreux, mais les déchoucages systématiques, véritables autodafés carnavalesques, donnent à la populace l'impression de s'être vengée.

> « À chaque renversement de gouvernement, le nouveau chef d'État dénonçait la dilapidation des deniers publics par son prédécesseur, en s'engageant lui-même à les respecter. Il noircissait à souhait l'image du prédécesseur dans le but non seulement de justifier la révolution, mais encore, d'attirer la compassion, l'indulgence autour de la tâche herculéenne qui était la sienne, du fait de l'héritage politique obéré. Néanmoins, sa gestion aboutissait de même au mécontentement général et à la révolte armée. Ce cuisant échec était dû pour une part à ses fautes et défaillances et, pour une plus large part, celle-ci généralement sous-estimée, à l'impossibilité d'assurer un minimum de satisfaction matérielle au peuple, compte tenu des origines révolutionnaires de l'État haïtien, des obstacles opposés à son évolution par la coalition colonialiste et de la pauvreté des ressources financières du pays. [20]»

Cette impunité se faisait sous protection diplomatique. À ce sujet, L. Montague[21] fait remarquer que le droit d'asile était sacré en Haïti alors qu'il n'était nullement reconnu internationalement. Cette tolérance s'explique par la violence politique constante et aussi par manque de confiance dans le système judiciaire. Ce droit d'asile imposait un fardeau aux représentants consulaires dont ils se débarrasseraient volontiers, mais auquel tenaient mordicus les autorités haïtiennes. Tous les nouveaux ministres d'État s'en plaignaient certes, mais ils se gardaient de placer le consul dans une situation où ce dernier devait refuser l'asile à leur prédécesseur. Cette pratique sanctionnée par l'usage local encourageait l'impunité.

---

[20] Cité dans David Nicholls, *From Dessalines to Duvalier, race, color and national independance of Haiti,* Cambridge University Press, p. 172.

[21] L. Montague, *Haiti and the United States*, 1714-1938.

Ces formes de gouvernements autoritaires ont eu leurs doctrinaires. Diaquoi et les Griots[22] s'érigent contre le libéralisme, la liberté de presse, les élections libres et la démocratie qui sont un miroir aux alouettes destiné à leurrer les masses. Le libéralisme est un attribut étranger à la mentalité de l'Haïtien. Pour Klébert Georges Jacob, la démocratie et ses institutions républicaines sont des virus cancéreux pour l'Haïtien et constituent un rempart derrière lequel les intérêts des masses sont sacrifiés devant ceux de la bureaucratie. Pour René Piquion, la démocratie libérale doit être remplacée par la discipline et l'autorité, une dictature où la raison et la volonté alliées à la force au service de la nation... l'autorité est sacrée, la force demeure très belle qu'il faut la respecter, même si elle nous écrase....

Le corollaire de cette violence est l'exigence de soumission. Le vaudou en a été encore complice[23]. Le capital d'autorité politique dont le hougan dispose dépend de la force matérielle et symbolique des groupes ou des classes qu'il peut mobiliser. Le hougan de par sa position privilégiée exerce une grande emprise sur ses fidèles. Autour de chaque confrérie vaudouesque gravite une sorte de conseil de fabrique instauré comme groupe de protection où l'on peut retrouver de grands fonctionnaires, des politiciens et des membres de la bourgeoisie des villes. Le hougan est reconnu comme pouvoir. Le pouvoir politique a donc intérêt à annexer ce complexe sociopolitique contrôlé par le hougan pour le renforcement de son pouvoir... Il est de notoriété publique que quiconque veut accéder au pouvoir politique doit s'assurer la faveur des voix et de ceux qui jouissent de leur pouvoir. Tout leader ou aspirant leader national sait qu'il doit courtiser les hougans dont la complicité lui permettra d'exercer un certain contrôle sur les masses. Le hougan devient ainsi, à des degrés divers, trop souvent, complice du pouvoir. Il sert d'informateur, à l'occasion, il peut être embrigadé dans les milices répressives.

---

[22] Cité dans Benoit Joachim, *Les racines du sous-développement en Haïti*, Henri Deschamps, 1979, p. 154.

[23] Michel Soukar, *Le vaudou haïtien*

Il faut noter cependant dans l'idéologie vaudoue un double mouvement[24] caractérisé par une opposition radicale entre le vaudou domestique, dit authentique, et le vaudou des « sociétés secrètes » considérées comme des branches hérétiques par rapport à la vraie tradition vaudoue ramenée d'Afrique par les ancêtres esclaves.

Ces sociétés secrètes ne sont pas des groupes religieux, mais des sociétés parallèles qui contrôlent à travers leurs structures traditionnelles les activités de sorcellerie, de magie et de justice dans l'arrière-pays. Sur le territoire national se côtoient les représentants du pouvoir légal, les détenteurs du pouvoir économique et ceux qui incarnent le pouvoir symbolique avec tout ce que le symbolique contient d'efficacité dans ce milieu. « En cas de conflit avec le pouvoir légal, ce dernier peut être réprimandé vertement et humilié, être obligé de demander pardon ». Michel Soukar[25] fait un rapprochement de ce comportement autoritaire avec l'habitude prêtée à Duvalier de gifler fréquemment ses ministres. Le génie de Duvalier aura été de récupérer et de détourner ces structures traditionnelles de la société haïtienne qui vont servir de noyau à sa milice politique, les Tontons Macoutes. Derrière leur mode d'organisation, les structures des Tontons Macoutes (les VSN[26]) relevaient des sociétés secrètes. Duvalier s'assurait ainsi du contrôle total du pays en contrôlant les vrais maîtres du pouvoir effectif local.

> « Il est significatif dit Willy Appolon[27] dans l'histoire d'Haïti, depuis l'indépendance jusqu'au récent surgissement des Macoutes que les flambées de violence politique ont toujours eu partie liée avec l'activité ou l'influence des zobops ».
>
> « Et que d'effort perdu, que d'argent gaspillé livré aux flammes, depuis les cent ans que nous vivons. On peut lire notre histoire en regardant nos maisons. Un peuple qui

[24] *Ibidem.*
[25] *Ibidem.*
[26] Volontaires de la Sécurité Nationale. 119 Willy Apollon, *ibidem, op. cit.*
[27] Willy Appolon, *ibidem, op. cit.*

depuis sa naissance dont les demeures et ce qu'il veut appeler ses monuments publics sont intentionnellement bâtis pour ne durer qu'un temps très court, est un peuple qui ne croit pas en lui-même, qui sent qu'il ne les survivra pas, qu'il n'aura pas de descendance et qui, conscient de sa fin prochaine, prend gaiement la devise : Après moi, le déluge [28]».

Rien n'est plus tristement navrant qu'une société qui possède les institutions politiques les plus avancées et où s'exerce le despotisme le plus brutal. Elle est pratiquement dans les conditions sociales les plus défavorables de développement et de progression » se lamentait Frédéric Marcelin[29].

De la fondation de la nation à nos jours, à chaque génération, les meilleurs éléments, les mieux préparés, les mieux disposés à servir, les visionnaires avec des propositions valables pour une amélioration ou pour un changement, ont été constamment écrémés, fusillés, bannis, de toute façon rendus inutiles et inutilisés, perdus pour le pays. Il n'y a pas, il n'y aura pas de démocratie sans classe moyenne ! La qualité de la démocratie dépend d'une masse critique de classe moyenne qualifiée, instruite et vigilante pour garantir une stabilité sociale, l'harmonisation de la société et le progrès socioéconomique.

Une expansion économique est impossible avec la liquidation aussi systématique de son élite. Haïti paie les frais de son intolérance.

---

[28] Frédéric Marcelin, *Haïti et ses guerres civiles, op. cit,* 124.
[29] *Ibidem.*

La société à essence égalitaire

Haïti où la négritude se mit debout pour la première fois
et dit qu'elle croyait à son humanité.
Aimé Césaire

Le véritable esprit égalitaire ne cherche point à ne pas avoir
de maître, mais à n'avoir que ses égaux pour maîtres
Montesquieu, *Esprit des Lois*

Ayant beaucoup souffert de la société esclavagiste, inégalitaire par excellence, Haïti avait naturellement rêvé d'une société égalitaire où « tout moun se moun ». Dès le départ, Dessalines, devenu empereur, dira « Je veux être le seul noble en Haïti. » Autrement dit, moi et les autres qui sont tous égaux, cultivateurs ou soldats.

Qui de ma génération n'a pas chanté à l'école, sans en comprendre l'importance : « L'indépendance est éphémère sans le droit à l'égalité » ! C'était pratiquement notre deuxième hymne national que l'on chantait à chaque occasion !

Beaubrun Ardouin[1] a écrit : « Le gouvernement qui, en Haïti, ne pourra ou ne voudra pas se convaincre que l'égalité en toute chose, est le droit le plus précieux, aux yeux du peuple, sera toujours exposé à se fourvoyer. » Il avait vu juste ! Victor Schœlcher[2] a été frappé par cet esprit égalitaire et il nous en a laissé

[1] Beaubrun Ardouin, *Études sur l'histoire d'Haïti*, cité dans G. Barthélemy, *ibidem, op. cit*, p. 103.
[2] Victor Schœlcher cité dans Barthélemy, *ibidem.*

cette constatation : « Ils ne peuvent pas se faire à nos misérables distinctions, et ceux-là mêmes de la plus basse classe se mettent naturellement au même niveau avec tout le monde. Ils ont la familiarité des enfants qui ne connaissent pas de grands ni de petits, et qui entrent chez vous, sans se douter que cela puisse être incommode ou inconvenant. Ils veulent brutalement l'égalité complète. »

Cet esprit égalitaire ainsi conçu provoque une confusion de la sphère individuelle privée, sphère de l'intimité, avec la sphère publique, de l'égalité citoyenne. Il compromet alors l'existence des libertés individuelles, domaine de la sphère privée et, par voie de conséquence, de la démocratie. Cette négation de la sphère privée combinée à l'absence d'égalité citoyenne dans la sphère publique, « cette confusion des sphères », est à l'origine, dans la population haïtienne, de préjugés et de rancunes tenaces qui vont se répercuter dans les relations interpersonnelles et envenimer les compétitions politiques.

> « Dans ce pays, tout Haïtien peut devenir président, même ce gros bonhomme Coachi », ironisait Beaubrun Ardouin aux dépens du caporal Faustin Soulouque ; il ne croyait pas si bien dire. Faustin Soulouque deviendra l'empereur Faustin 1er, et Ardouin a payé de sa vie son impertinence. Louis Joseph Janvier[3] rapporte cette phrase du président Antoine Simon : « *Qui tite ça ! pay-sà cé pou moin tou, pou qui moin pa ta joui li tou* ! » (De quel titre parles-tu ? Ce pays est aussi à moi, pourquoi ne pourrais-je pas en jouir.) ou celle de Philippe Guerrier : *« Si chage-la trò lou, li va trinnin-*li » (Si le poids est trop lourd à emporter il le traînera) « A-t-on besoin d'un *administrateur, le premier venu fera l'affaire ! » Cette phrase témoigne du laxisme et du manque de rigueur dans le processus de recrutement et le niveau de compétence qui était exigé dans la fonction publique. Duvalier identifiait et dénonçait cet esprit égalitaire. « Il le considérait comme une tare qui détruit le principe de toute hiérarchie, le respect de toute tradition, qui

[3] L.J. Janvier, cité dans Barros, *Haïti... , ibidem, op. cit,* p. 513.

nous handicape depuis la naissance de la vie nationale et dont il faut se débarrasser. »

Ainsi donc, l'indépendance nationale a fait éclore le désir intériorisé de rompre les chaines physiques et psychologiques de l'esclavage, pour une libération totale, pour guérir du mal d'être, pour ne plus revivre les sentiments douloureux d'infériorité et d'autodépréciation de l'époque esclavagiste. Du point de vue social, l'abolition de l'esclavage a fait naître en chacun cette possibilité réelle d'accéder à une condition sociale autre. Ce désir d'être autre, ce désir d'être, ce désir de se distinguer, cette aliénation va se généraliser à tout le corps social et va contribuer à accorder une valeur de premier plan à certains signes extérieurs, comme la teinte épidermique, le patronyme, le parler français, l'appartenance à la religion catholique, etc.

Ces signes extérieurs valorisés, tels que présentés et perçus, deviendront plus importants que la fonction sociale. Le découpage hiérarchisé des classes qui en résultera ne sera donc pas basé sur la position socio-économique, mais trop souvent sur ces déterminants sociaux artificiels. Il engendrera des sentiments de satisfaction et de supériorité chez les uns, des manifestations de rejets réciproques, des frustrations chez les autres. Ce sentiment de supériorité des uns alimentera la haine des autres qui verront de l'arrogance dans tout geste à leur endroit. Ce sera le panier de crabes où les fantasmes des uns et les désirs des autres deviendront sources de conflits.

Pour Barthélemy, les déchoucages, et même certains rituels vaudous font partie d'une tradition de justice de redistribution symbolique à obsession égalitaire. Il est vrai qu'il existe certaines pratiques vaudoues, souvent mentionnées sans grand commentaire quant à leur portée symbolique, qui laissent perplexe, tel le rôle du pauvre dans le vaudou. Au 18e jour de l'initiation, il est coutume d'offrir, dans un « open house, » un repas aux pauvres, ou encore, l'initiateur peut exiger que l'initié se présente au marché local, habillé en mendiant, le « kui » en main, en demandant de la « charité » aux passants. Karen Mc Carthy Brown, au cours de son initiation en Haïti, décrit une cérémonie similaire où tous les mendiants en haillons du quartier étaient invités. On ne saurait dire si l'intention de ces rituels est de susciter une certaine humilité, un rappel ou une consécration obligée de cet esprit égalitaire chez le vaudouisant, ou encore, comme le laisse entrevoir Karen Brown, qu'il s'agit de pactiser avec un certain pouvoir magique détenu par les pauvres, bien que les dépenses exigées par les différentes étapes de l'initiation puissent être prohibitives pour certains.

Il en est de même de certains rituels funéraires où toute l'économie accumulée par le défunt est dépensée à sa mort. Ce comportement culturel est parfois interprété comme un refus volontaire de constituer un patrimoine financier pour ses héritiers, l'obligation pour chaque génération de repartir à zéro.

Barthélemy pense que « la solidarité haïtienne serait une manifestation de cet égalitarisme et procéderait de la même intention...

« ... ne pouvant investir en soi, on investit donc sur les autres qui deviennent des obligés, en admettant implicitement un engagement réciproque ». Du point de vue économique, cette exigence de solidarité, telle que pratiquée dans la paysannerie, est une police d'assurance pour garantir la survie dans les périodes difficiles ; elle s'ajoute comme un obstacle additionnel à l'enrichissement personnel et à l'accumulation.

Cet esprit égalitaire va aussi à l'encontre de l'individualisme démocratique. L'esprit démocratique, c'est l'affirmation de la liberté personnelle, la reconnaissance des droits de chacun d'avoir des projets individuels, de pouvoir disposer de soi-même selon ses désirs. Il préconise l'égalité politique, l'égalité des chances dans l'espace public, citoyen, mais nullement l'égalité des conditions. Le credo à chacun selon ses capacités. Ainsi perçu, l'esprit égalitaire devient une perversion inhibitrice de l'idéal démocratique. Son épanouissement favoriserait une sorte de société sans classe, dans un grand « lacou » maintenu dans une précarité acceptée et entretenue par une solidarité redistributrice.

Les conditions pour le conflit social et pour la stagnation, par neutralisation réciproque, l'image du panier de crabes, étaient désormais en place. Le docteur Price Mars avait raison de dire qu'en Haïti, il y a « deux nations dans la nation. » D'un côté se positionne l'élite bovaryste, issue des privilèges de l'inégalité esclavagiste qu'elle voudrait conserver à son profit. Madiou[4] rapporte cette phrase du général Guérin : « le fils d'un paysan haïtien n'était pas l'égal du mien, même aux yeux de la loi. » De l'autre côté se campaient obstinés les descendants des nouveaux libres, en majorité de culture bossale, qui ont souffert de l'inégalité coloniale, qu'ils ont toujours marronné, épris d'égalité pour laquelle ils se sont battus et à laquelle on leur avait dit qu'ils avaient droit.

Du point de vue politique, cette aspiration à l'égalité a été identifiée et récupérée par des politiciens de tous poils, pour des fins d'ambitions personnelles. Elle donnera naissance et entretiendra le populisme et le clientélisme : « *Cacoisme* », et « *Piquetisme* », « *Noirisme* », « *Mulâtrisme* », « *Authentiques* » et autres mouvements populaires similaires, à l'héroïsme verbal démagogique et mystificateur, au succès assuré grâce à l'oralité miséreuse. Cependant, les triomphes électoraux, obtenus dans ces conditions, ne pourront être qu'éphémères, car ils ne sauraient se traduire en avantages institutionnels durables pour les masses populaires mobilisées sur la base d'une idéologie fausse. Une surenchère va s'établir pour perpétuer un cycle infernal, toujours frustrant, condamné à être de plus en plus destructeur, car il mettra en branle, dans un élan qui deviendra de plus en plus incontrôlable, un nivellement économique et culturel par le bas. Elle sera la source de l'instabilité politique chronique qui va constituer un autre obstacle à tout progrès économique.

Le partage à parties égales de l'héritage entre tous les héritiers, en provoquant un morcellement à l'infini du patrimoine familial, est l'une des causes de paupérisation de la paysannerie. Il fait aussi partie de cette obsession égalitaire.

« Les vrais obstacles au développement en Haïti relèvent d'une culture différente, voire même antagoniste, à la culture et à la notion occidentale du progrès », conclut Gérard Barthélemy.

---

[4] Thomas Madiou, cité dans J. Barros, *Haïti, ibidem, op. cit,* p. 411.

Les relations avec le travail et l'argent

L'homme ne croit s'assurer ce qu'il tient déjà qu'en acquérant du nouveau
Machiavel

L'intérêt général procède du libre jeu des intérêts particuliers.
L'homme ne choisit pas son intérêt, c'est son intérêt qui le dirige.
Adam Smith

« Depuis la révolution, des cultivateurs et cultivatrices parce qu'ils étaient jeunes alors, et ne s'occupaient pas encore de la culture, ne voulaient pas aujourd'hui s'y livrer, parce que disent-ils, ils sont libres. Ils ne passent les journées qu'à courir et à vagabonder.[1] »

Le vagabondage avait remplacé le marronnage.

Le travail joue un rôle social en même temps qu'un rôle personnel de libération. Travailler permet de se reconnaître utile en même temps qu'il facilite l'insertion au sein de son groupe. Le fait de travailler et de produire permet en effet à l'individu de devenir un être social grâce à sa participation active à la vie du groupe. Il permet de devenir du coup un être historique valorisé, situé à la jonction des besoins de l'autre qui se trouve ainsi placé

---

[1] Toussaint Louverture dans Barthélemy, *Le pays en dehors*, *ibidem, op. cit,*. p. 47.

avec lui dans une situation de mutuelle dépendance. La libération vient de la rencontre de l'historique et du social, l'ultime raison d'être.

> « Mais les forces d'inertie venues de ce long passé servile ont perverti et ont enlevé tout sentiment de dignité au travail. Le travail ne constitue pas un élément de libération, la relation au travail est fondée sur l'aversion et la répulsion. En fait, le maître est resté un modèle pour l'esclave dans la mesure où ce dernier, dans sa capacité d'individu conscient, ne s'est jamais complètement identifié à l'esclave. L'esclave libéré copie donc le maître qu'il a intériorisé. Il reproduira ainsi le même schéma à plus forte raison s'il dispose d'un quelconque pouvoir. Dans la société sainte dominguoise, le maître, l'homme libre est celui qui ne travaille pas ».[2]

Après 1804, les nouveaux maîtres, en mal de reconnaissance, en accaparant l'héritage blanc ne firent qu'aggraver cette attitude irrationnelle face au travail. Les nouveaux seigneurs noirs et mulâtres écrit Benoit Joachin, du Nord au Sud, monarchistes où républicains se répartissaient les postes de commande de l'armée où les grands propriétaires terriens noirs étaient majoritaires et les postes de l'administration et du gouvernement très souvent aux mains d'une oligarchie mulâtre, au mépris des besoins et des aspirations de la masse bossale. Cette fièvre d'arrivisme est une cause fondamentale de la cassure historique et du piétinement de la nation haïtienne.

De plus, le peuple haïtien est toujours tenté d'établir un lien de cause à effet entre la sorcellerie et le succès[3]. Le pauvre se méfie du riche. Il est incapable de comprendre que « la fortune peut être le résultat du travail, de la bonne gestion et du réalisme en affaires. Il ne comprend pas que gagner de l'argent est peut-être le résultat de l'application et de la compétence au sein d'une profession. Il ne l'explique qu'en l'attribuant à l'action unique d'un pacte avec le diable. Généralement, dans le milieu haïtien, l'enrichissement

---

[2] Michaela Périna, *Citoyenneté et sujétion...*, *ibidem, op. cit.*

[3] Alfred Métraux, *ibidem, op. cit,* p. 255.

provoque un ostracisme prudent et méfiant». En général, les «*Papa loi*» qui «*servent des deux mains*» sont les plus riches dit Milo Rigaud.

On ne saura jamais comment a été introduite dans la culture haïtienne la notion de «juste prix». On sait qu'elle est apparue pour la première fois au Moyen Âge, en Europe, sous la plume et l'enseignement de Thomas d'Aquin, selon le principe de l'égalité de l'échange, en vue de l'utilité commune... «La valeur d'un produit est déterminée par la réciprocité des besoins de l'acheteur et du vendeur, elle ne doit pas être plus onéreuse pour l'un que pour l'autre. Il n'est pas question de profit qui est illicite.[4] »

Les échanges commerciaux, surtout avec la classe paysanne exploitée, donnent lieu en Haïti à de longs et laborieux marchandages autour de ce «juste prix», une guerre d'usure à laquelle tout le monde semble croire. Cette pratique remonte aux origines de la nation. « Par ici l'on nous vexe trop, l'on ne nous paie pas bien ce qui nous revient des denrées que nous faisons ; l'on nous force à donner pour rien nos poules, nos cochons quand nous allons à la ville, et si nous voulons nous plaindre on nous fait arrêter par la police et on nous met en prison sans manger et encore, il faut que nous payons pour en sortir[5] ». Cette exploitation n'est pas une incitation à une augmentation de la production dans la paysannerie. Ce marchandage autour du «juste prix», cette relation avec le profit peuvent être recensés dans l'inventaire des causes additionnelles, de l'appauvrissement permanent et surtout de l'absence d'accumulation dans la paysannerie.

« Après plus de 200 ans d'indépendance d'Haïti, comment se fait-il qu'il n'y ait pas de patrimoine familial qui se transmette de façon à constituer une sorte d'assise foncière pour les paysans ? » se demande Gérard Barthélemy[6]. La société haïtienne est fortement imprégnée du sentiment communautaire. L'individu n'existe que par rapport au groupe et ses droits sont garantis par le respect des normes et des valeurs partagées par le groupe.

---

[4] Cité dans Alain Peyrefitte, *ibidem, op. cit.*
[5] Cité dans Paul Moral, *Le paysan haïtien*, Édition Fardin, p.16.
[6] Gérard Barthélemy, *La culture paysanne*, source internet.

Barthélemy propose une réponse à travers un regard dans un aspect de la culture paysanne.

Il constate que le paysan haïtien est soucieux de l'organisation de ses funérailles.

> « Il construit sa tombe sur sa propriété longtemps avant sa mort. Il en parle à sa famille et fait des recommandations à ses enfants. S'il n'a pas d'enfant, il peut en adopter pour s'assurer que quelqu'un se chargera de lui faire un bel enterrement, à la hauteur de son statut social. À l'enterrement d'un paysan qui a réussi, on dépense pratiquement tout ce qu'il a acquis pendant ses 15, 20, 25 ans de travail, depuis qu'il a un outil, une terre, une chèvre, etc. Il y a donc une sorte de fonction sociale de l'enterrement qui consiste à remettre tout à zéro. C'est-à-dire qu'on n'accumule pas. La question qui se pose est de savoir si on peut continuer à résister en n'accumulant pas. Il y a des phénomènes de compensation économique qui sont extrêmement subtils et compliqués à analyser. »

L'argent, c'est le levier du développement dont l'épargne et l'accumulation sont les points d'appui. Le profit n'est pas intrinsèquement pervers. La richesse n'est pas mauvaise en soi, tout dépend de la façon dont elle a été acquise et l'usage que l'on en fait. Au sein d'une société, l'argent joue un rôle essentiel dans la production de la richesse collective. Il libère l'homme de ses préoccupations matérielles. Il rend possible à la fois la satisfaction de ses besoins complémentaires de bien-être et de confort, et d'accomplissement de ses aspirations spirituelles.

Le résultat est que cette paysannerie est aujourd'hui aux abois, en raison des conjonctures économiques défavorables, des ponctions répetées et des prélèvements qu'elle a dû subir de l'État central, au cours du XIXe siècle, pour payer la dette de l'Indépendance et pour financer les guerres intestines que se faisaient les généraux avides de pouvoir. La paysannerie est entrée dans un processus de décapitalisation qui concerne non seulement son bien, mais aussi les ressources sur lesquelles reposait sa richesse, c'est-à-dire la terre qui s'en est allée, par suite du déboisement et de l'érosion.

Cette attitude face à l'argent « sale » ou « démoniaque, » constitue une des pesanteurs culturelles séculaires qui peuvent non seulement expliquer le mépris de la bourgeoisie et des Haïtiens pour les travaux manuels, mais aussi l'apparente absence de besoin et la précarité de l'existence de la population des campagnes.

Sans entrer dans une réflexion qui nous amènerait loin de nos préoccupations actuelles, nous ne pouvons que constater qu'une telle société, tout au moins dans sa portion paysanne majoritaire, est en situation antagoniste avec la conception capitaliste dominante du développement.

Paradoxalement, ce système fonctionne cependant pour l'enrichissement de quelques-uns.

> « De l'indépendance à nos jours, les responsables politiques ne cherchent qu'à satisfaire leurs besoins de luxe, de lucre et de luxure. Pour y arriver, ils érigent la corruption en système, font de la contrebande et confondent les biens de l'État avec les leurs propres. »
>
> « Les méfaits de ces comportements antisociaux et antiprogressistes, survivances d'une mentalité de rapine héritée du colonialisme, sont tels qu'ils ont empêché, au fil des ans, les investissements productifs qui auraient permis de changer la physionomie du pays, en atténuant progressivement le clivage social et les violentes inégalités qui paralysent tout effort de développement.[7] »

Nous avons donc dans le pays, en position antagoniste, une classe dirigeante abuseuse, exploiteuse, prédatrice et le reste de la population abusée exploitée. « On n'aide pas les villes en appauvrissant les campagnes, tôt ou tard, les famines viennent sanctionner un exode rural mal maîtrisé [8]».

---

[7] Dynamique vaudou et droits de l'Homme en Haïti, source Internet.

[8] Caius Alphonse, cité dans Frantz Douyon, *Démocratie et éthique vaudou en Haïti,* L'Harmattan, 2018, p. 86.

L'analphabétisme et la culture de l'oralité

Haïti est paralysée par l'esclavage des armes, la pauvreté et l'ignorance.
Pasteur Marc Backer Bird

Moreau de St-Méry[1] déplorait qu'il n'y avait pas dans toute la ville du Cap-Français un seul établissement propre à donner de l'éducation à ceux des enfants que la fortune de leurs parents ne permettait pas d'envoyer en France. Cette carence constituait une honte alors que dans les colonies espagnoles il existait des universités depuis longtemps. L'université de Santo-Domingo était fondée au XVIe siècle autour de 1538. Moreau de St-Méry a été assez sévère pour les femmes créoles dont l'ignorance était notoire. Nos Créoles, disait-il, ne se contenteraient pas d'être jolies, elles voudraient de plus être dignes de l'estime universelle, qui les embellirait encore.

L'instruction publique a toujours été délaissée. Il n'y avait vraiment pas de place à Saint-Domingue pour aucune activité cérébrale. Les grands planteurs envoyaient leurs enfants en Métropole. Quelques affranchis mulâtres, fils de grands planteurs, prenaient aussi le voile vers la France. Pour le reste, l'instruction n'était pas importante et on en faisait peu de cas. Les petits blancs et les affranchis devaient se contenter de maîtres improvisés dont la science n'allait pas au-delà de celle de leurs élèves. Il était

[1] Cité dans J. Barros, *Haïti. Ibidem, op, cit.*, p. 528.

interdit aux esclaves l'apprentissage du syllabaire. On admet cependant que les esclaves islamisés, environ 5 %, pouvaient lire et écrire, de même que quelques autres, marrons du syllabaire.

Toutefois, la soif d'instruction ne manquait pas. De Vastey[2] en fait ainsi la relation :

> « ... La plupart se sont instruits au moyen de livres. J'en ai parfaitement connu plusieurs qui ont appris à lire et à écrire seuls, sans secours de maîtres : ils marchaient avec leur livre à la main, interrogeant les passants... et tous mes compatriotes étaient aussi ignorants que je l'étais moi-même, s'il était possible de l'être davantage... Sur ce plan, comme sur les autres, les affranchis étaient en général plus favorisés ; certains d'entre eux eurent les moyens de se rendre en France comme patrie. »

Il est intéressant d'établir un rapprochement entre cette fébrilité d'apprendre décrite par de Vastey et l'atmosphère qui régnait les soirs au Champ-de-Mars de Port-au-Prince dans les années 1950-1960 où de nombreux groupes de jeunes étudiaient à la lueur des lampadaires. L'héritage colonial encore une fois pesait lourd, il n'y avait aucune infrastructure, tout était à faire après l'indépendance, la tâche était donc énorme.

Toussaint, Christophe savaient à peine lire et écrire, mais pas Dessalines qui se désintéressait de l'éducation du peuple. Son ministre des finances, Vernet, ne savait pas lire. La constitution de 1806 oublie de mentionner l'instruction publique[3]. Christophe mérite le titre de « fondateur et protecteur de l'instruction publique en Haïti ». Sa constitution impériale était explicite et très avant-gardiste. Elle prévoyait l'établissement d'une école centrale dans chaque division territoriale et des écoles particulières dans chaque arrondissement. Il créa une école primaire et secondaire dans les principales villes du royaume ; il fit appel aux Lancastériens anglais et demandait des maîtres à Wilberforce. Il fonda aussi un

---

[2] Baron de Vastey, *Political remarks on some French and newspapers concerning Hayti*, King printing office, 1817, translation, London, 1818, p. 240.

[3] J. Barros, *ibidem, op. cit*, p. 528.

collège royal au Cap. À Sir Popham qui lui reprochait sa manière forte, il expliqua : « Pendant deux siècles et demi, ce peuple a accepté toutes les injustices et avanies sans protester. C'est qu'il lui a manqué une œuvre de ses mains dont il puisse être fier. J'ai décidé qu'après moi il l'aurait, dussé-je pour cela en faire périr la moitié.[4] » Malheureusement, son comportement de commandeur avec ses méthodes trop violentes héritées du passé esclavagiste, le retour aux travaux forcés, le recours au dressage, les actes attentatoires à la dignité, ne furent pas appréciés de ses sujets et il fut contraint d'abandonner le pouvoir dans les circonstances que l'on sait.

La constitution de 1816 de Pétion dans son article 36 stipulait qu'il serait créé et organisé une instruction publique commune à tous les citoyens, gratuite à l'égard des parties d'enseignement indispensable pour tous les hommes et dont les établissements seraient distribués graduellement dans un rapport combiné avec la division territoriale de la république. Pétion fonda à Port-au-Prince le lycée national et le pensionnat des demoiselles. « L'éducation élève l'homme à la dignité de son être », répétait-il. Il pensa aussi à les rendre propriétaires. Dans son message au Sénat le 12 avril 1814, il déclara que « l'État prospère de ceux dont les propriétaires sont présents, augmenter le nombre des propriétaires fonciers c'est donner une existence réelle à la patrie [5]».

Ainsi donc, Christophe et Pétion sont probablement parmi les rares dirigeants haïtiens à avoir accédé au pouvoir avec une vision idéologique grandiose de leurs responsabilités. Pétion n'avait cependant ni la personnalité ni les moyens financiers de son rival du Nord. Ce dernier, dans son royaume, faisait trop peu de cas de la vie de ses concitoyens. Le respect dont il était l'objet venait de la crainte qu'il inspirait. La fin ne justifie pas les moyens, elle fait partie des moyens. Ses contemporains ne lui rendront pas justice.

Pour Boyer, « semer les écoles, c'est semer la révolution ». Il est passé à l'histoire comme un obscurantiste plein de lui-même, malgré des qualités indéniables. Madiou écrit que « la plupart de

---

[4] *Ibidem.*

[5] Dr François Dalencour, *Alexandre Pétion devant l'humanité, Ibidem, op. cit.*

ceux qui avaient acquis quelques connaissances redoutaient la propagation des lumières dans les rangs de la masse ». Cependant, à la suite de M.B. Bird et J.B. Dehoux, Vincent écrit : « Si les éléments manquaient en 1867, comment aurait-on pu en trouver en 1820. Sous Boyer, comment se serait-il pris pour trouver le personnel enseignant de toutes ces écoles[6] ? »

Cependant, dès 1843, l'importance de l'instruction est reconnue avec la création d'un département ministériel de l'Instruction publique, (faisons remarquer que la gratuité scolaire en France devra attendre 1881 avec Jules Ferry). La constitution de 1867 précise celle de 1816 que chaque commune a des écoles primaires de l'un et de l'autre sexe, gratuites et communes à tous les citoyens. Celle de 1874 ira plus loin : « l'enseignement primaire est gratuit et obligatoire[7] ».

Ces statistiques de fréquentation scolaire déplorable dont fait état Barros[8] sont significatives, mais ne peuvent pas nous convaincre de sous-estimer la conclusion très réaliste de Edner Brutus qui rejoint en quelque sorte celle de Vincent que : « nous avons l'enseignement de notre économie.[9] »

Sous Boyer, 952 garçons et 329 filles étaient scolarisés. Sous Soulouque, avec Salomon comme ministre de l'Éducation, fonctionnaient 3 lycées et 51 écoles primaires, soit au total 9000 élèves représentant 0,72 % de la population et 2,69 % des enfants scolarisables.

Sous Geffrard, il y avait 16 000 élèves dans les écoles publiques en 1866, soit 1,13 % de la population et 3,77 % de la clientèle scolaire. La signature du Concordat va favoriser l'essor de l'enseignement privé avec le collège St-Martial, le pensionnat des Sœurs de St-Joseph de Cluny et les Frères de l'Instruction Chrétienne.

---

[6] Sténio Vincent, *En posant les jalons, ibidem, op. cit*, 105-06.
[7] D. Bellegarde, *Haïti et ses problèmes*, p. 75.
[8] Jacques Barros, *ibidem, op. cit,* p. 610-626.
[9] Edner Brutus, *Histoire de l'Instruction publique*, cité dans Jacques Barros, *Haïti*, *op. cit,* p. 619.

Sous Salomon président, en 1881, Janvier cite le chiffre de 40 000 élèves ; peut-être que ce chiffre est gonflé pense Barros. Sous Hippolyte, qui a le plus fait pour l'enseignement depuis Geffrard, la situation s'est plutôt dégradée : 25 000 élèves, soit 1,14 % de la population, seulement 3 % de la population scolarisable fréquentent les écoles.

En 1930, 15 % des enfants sont scolarisés. En 1959, 10 % seulement de la population est plus ou moins alphabétisée, 25 % dans les villes, 7 % dans les campagnes. À la fin de Duvalier, pour la Mission de l'OEA, le taux d'analphabétisme est de 87 % et la scolarisation est inférieure à 15 %.

En 1974, au Congrès de l'Éducation, on dénombre dans le pays 60602 élèves qui fréquentent les écoles, soit 22,3 % pour 10000 habitants dans le primaire, 22 % pour 10000 dans le secondaire et 3,5 % pour 100 000 dans le supérieur.

Actuellement, on situe le pourcentage de l'analphabétisme autour de 80 %. Ce pourcentage scandaleux ne semble pas être une préoccupation embarrassante pour les dirigeants du pays.

Ce scandale de l'Instruction publique a été dénoncé unanimement par des penseurs haïtiens et des observateurs étrangers. Déjà en 1904, à Port-au-Prince, un congrès des professeurs de l'enseignement secondaire présidé par le docteur Audain dénonçait les programmes et la médiocrité de l'enseignement.

Les statistiques comparatives montrent qu'en 1906 le pourcentage des scolarisés était de 8,83 % en République Dominicaine, 21 % à Port-Rico, 26,4 à la Jamaïque. Price Mars[10] ajoute naturellement sa voix au concert. Il fait remarquer qu'aux États-Unis, en 1865, au moment de l'émancipation des Noirs, un nègre sur vingt pouvait lire et écrire et 18 sur 20 aux alentours de 1943. Il rappelle le formidable effort des Soviets qui a abouti à la quasi-alphabétisation des peuples de l'URSS entre 1922 et 1939.

[10] Price Mars, *Problème de l'analphabétisme*, cité dans Frédéric Marcelin, *ibidem, op. cit.*

Dès 1897, Frédéric Marcelin écrivait : « Nos écoles et nos bourses à l'étranger forment à foison des médecins, des avocats, des doctes fruits de l'École des Sciences morales et politiques, des journalistes, des orateurs, des incapables et des inutiles. C'est la politique qui casera tout cela. »

Pour Henri Tomasset[11], ingénieur français qui a longtemps séjourné en Haïti, « si le résultat de votre instruction vous amène simplement à désirer une place de fonctionnaire, Haïti est perdue, sans ressource par cette raison élémentaire que tout le monde dépense et personne ne produit. Très peu d'instruits, une immense majorité d'ignorants et avec cette aggravation que les instruits ne connaissent nullement l'intérieur du pays, sa situation morale et sociale, encore moins ses véritables besoins ».

Même son de cloche chez Joseph Justin[12]. Notre méthode d'éducation a pour but principal de former, ce qu'on a très bien nommé, des « hommes de luxe pourvus d'une culture spéculative, bien qu'ils n'aient d'aptitude particulière à rien, ont néanmoins des prétentions à tout ». Pour Firmin :[13] « L'idéal de nos classes dirigeantes parait être de conserver soigneusement l'ignorance de la masse afin de s'en servir comme un marchepied et d'en tirer tous les profits aussi sordides qu'égoïstes. »

Les instituteurs qui manquaient se retrouvaient dans la bureaucratie politique après avoir exercé les activités de maîtres d'école comme solution d'attente, tandis que d'autres étaient bannis des salles de classe sur ordre supérieur à cause de leurs opinions jugées défavorables au gouvernement.

Pour le Pasteur Bird[14] : « L'éducation de la minorité en Haïti a produit un haut sentiment de supériorité, une vaste somme d'orgueil, en même temps que les institutions du pays ont appris

---

[11] Henri Tomasset, *Finances et travaux publics*, cité dans S. Vincent, *En posant les jalons, ibidem, op. cit,* p. 172.

[12] Joseph Justin, *Les réformes nécessaires*, Imprimerie Edmond Chenet, Port- au-Prince, 1915, p. 12-15.

[13] Antenor Firmin, *Lettres de St-Tomas*, dans Hoffman, *ibidem, op. cit*, p. 219.

[14] Pasteur Bird, *L'homme noir*, cité dans Gérard Barthélemy, *Le pays en dehors*, *ibidem, op. cit*, p 124.

aux plus ignorants à admettre qu'une entière égalité : aussi les uns et les autres ont été placés dans une fausse et ridicule position. » Pour Geoffin Lopez,[15] professeur d'histoire au lycée de Port-au-Prince : « Après 69 ans de liberté, il n'y a pas un ingénieur, pas un mécanicien, pas un architecte, pas un artiste formé en Haïti. Si l'on examine avec impartialité le rôle de cette société, que conclut-on ? Qu'elle n'a pas le goût de choses sérieuses, qu'elle n'est qu'à ce qui donne le faux éclat des talents superficiels ».

De plus en plus de voix s'élevaient pour accuser l'analphabétisme comme une cause importante du sous-développement haïtien. En 1940, C, Verleigh[16] écrivait : « L'analphabétisme, voilà l'ennemi. Quand il sera refoulé, la démocratie haïtienne prendra une orientation nouvelle qui sera définitive pour l'organisation rationnelle et scientifique du fait social haïtien. » Pour Georges Mathelier[17] « Le sous-développement économique et socioculturel est dû pour une bonne partie à l'échec de l'école haïtienne. » Chavannes Douyon :[18] « L'éducation de classe après avoir rempli son rôle d'oppression des masses, se retourne contre le pays tout entier. Le mécanisme après avoir servi contre les couches exploitées provoque la ruine de tout le système. »

« Jamais dans l'histoire d'aucun peuple, une tare n'a été bien entretenue comme l'est en Haïti l'analphabétisme. [19]»

Mais Mme Helen Weed[20] croit que « ... la gratuité de l'instruction publique et culturelle pour tous ceux sont capables de la recevoir, tel fut l'idéal des Haïtiens pendant plus d'un siècle. Les longues années de pauvreté qui résultèrent du paiement de la lourde indemnité française de 60 millions de francs et les troubles

---

[15] Geoffin Lopez, cité dans Jacques Barros, *Haïti, op. cit*, p. 613.

[16] Christian Verleigh, cité dans Hoffman, *Haiti... ibidem, op. cit,* p.219.

[17] Georges Mathelier, cité dans Hoffman *ibidem, op. cit*, p. 220.

[18] Chavanne Douyon, *Nouvelliste 3*1 mars 1979, cité dans J. Barros, ibidem, *op. cit*, p. 626.

[19] Ernest D. Coulanges, cité dans L.F. Hoffman, *Haiti : couleur, croyances, créole, Ibidem, op. cit*.

[20] Mme Helen Hill Weed ,cité dans Dantès Bellegarde, *Haïti et ses problèmes, ibidem, op. cit,* p. 78.

civils qui furent la conséquence de l'évolution politique du pays empêchèrent Haïti de réaliser cet idéal. Cependant, les nombreuses années avant l'occupation américaine de 1915 ont amené le peuple haïtien à un degré d'instruction supérieur à celui de maints États de l'Amérique centrale et de l'Europe. »

La proportion du budget national allouée à l'instruction publique se situe entre 10 % et 12 %.

1955-56 : 12 % du budget

1960-61 : 10 % du budget

1969-70 : 12 % du budget

1971-75 diminuait de 4 à 5 % l'an

1979-80 : 10 % du budget.

La question de la langue d'enseignement s'est posée très tôt en Haïti.[21] Sous la présidence de Pétion, on songeait déjà à la possibilité d'utiliser le créole comme langue d'enseignement. Le projet ne fut pas réalisé. En 1905, le ministre Murville Férère recommande que le français soit enseigné comme langue étrangère. Encore une fois cette recommandation ne fut pas retenue.

Après plus d'un siècle de débats où adversaires et protagonistes du créole se sont affrontés dans des polémiques passionnées, il faudra attendre le gouvernement de Jean Claude Duvalier et la réforme Bernard pour que l'usage du créole dans l'enseignement primaire soit accepté, et la constitution de 1987 qui donnera un statut officiel de langue nationale au créole. Il est étonnant qu'en 1975 René Piquion écrivait que l'usage du créole dans les écoles était « un divertissement d'intellectuels oisifs et insoucieux, vu l'inéluctabilité de la disparition des patois, leur bataille est perdue [22]».

Il ne fait pas de doute que cette reconnaissance du créole a eu un effet sociopolitique de libération de la parole. Il importait de reconnaître la dignité de langue à part entière au créole, langue

---

[21] Jacques Barros, *Haïti*, ibidem, op cit, p. 622.
[22] Cité dans L.F. Hoffman, *ibidem, op. cit*, 220.

unique de l'énorme majorité des Haïtiens. Désormais à la télévision comme à la radio, les nouvelles, les entrevues, les lignes ouvertes permettent à chacun de s'exprimer. La liberté de la parole est certainement l'acquisition démocratique incontestable des dernières années et le créole n'est pas étranger à cette évolution. Désormais, on ne pourra plus dire : « Parlez français ou bien taisez-vous ! ».

Cette valorisation de la langue maternelle a eu un effet psychologique considérable pour corriger ce que les créolophones ont enduré du seul fait qu'ils s'exprimaient dans une langue qui suscitait autour d'eux le mépris ou la moquerie. « Toute personne peut revendiquer le droit d'aller dans une administration et parler sa langue identitaire, en étant assurée que le fonctionnaire assis derrière son guichet la comprendra. [23]»

Les droits linguistiques sont reconnus comme un droit humain universel : « Tout individu a droit à l'usage privé et public de sa langue identitaire (langue maternelle), le droit à une présence équitable dans les moyens de communication, le droit d'être enseigné et d'être accueilli dans les organismes officiels. »

Cependant, si comme le dit Paolo Freire, un patois est une langue dominée, on peut affirmer que le créole n'aura jamais assez de panache culturel, de pouvoir économique pour s'imposer internationalement. Il ne sera jamais utilisé dans les échanges internationaux ! Toutes les langues ne sont pas faites égales, même si toutes ont droit à la même dignité et au même respect, le créole comme les autres, même si Ghislain Gouraige disait : « Quand on me parle de l'enseignement par le créole, je réponds traduisez-moi « je pense donc je suis ».

L'alphabétisation s'inscrit dans un éthos de développement favorable à la lecture, à la responsabilité de l'individu dit Peyrefitte. L'accès à l'écrit est un indice de la confiance placée dans le jugement du lecteur individuel. L'analphabétisme a donné naissance à une culture de l'oralité qui est devenue la marque de la société haïtienne. L'oralité prive les auditeurs de la distance

---

[23] Amin Malouf, *Les identités meurtrières*, Grasset, livre de poche, 1998.

critique. Les paroles rivent l'auditoire à une tradition, les écrits permettent au lecteur de penser par lui-même. L'écrit, c'est le support de l'universel, de la discussion et de l'échange. Il dissocie l'information de la présence. Il remplace l'argument d'autorité par la pratique de l'examen. L'écrit (imprimé) permet de stabiliser le discours et d'échapper à l'à-peu-près et aux reniements. Les paroles s'envolent, les écrits restent. L'oralité favorise donc une culture de soumission et d'irresponsabilité. Écouter, c'est obéir ; lire, c'est choisir. Je parle, tu écoutes.

Le créole peut légitimement réclamer une place honorable au sein des langues nationales, mais il ne faut pas que ce soit au risque d'instaurer une autre forme de discrimination, aux dépens de la majorité qui serait encore victime de cette expérience, piégée, isolée, enfermée dans un autre mensonge idéologique. Remplacer les injustices passées par une autre ou par d'autres intolérances n'est pas une solution. Dans ce siècle de la globalisation, l'unilinguisme, sauf peut-être l'unilinguisme anglais qui pourrait à la rigueur se prévaloir d'une prétention à peine compréhensible, se révèle comme rétrograde, à plus forte raison l'unilinguisme créole !

L'oralité prédispose à l'arbitraire et devient aussi son complice.

L'écrit est le support de la mémoire collective. La découverte de l'imprimerie a joué un rôle capital dans le développement économique de l'Occident. L'écrit imprimé allait vite devenir un instrument de propagande qui a permis une plus large diffusion des idées et des savoirs qui ont donné l'impulsion nécessaire à la révolution industrielle. L'alphabétisation n'est pas une condition suffisante au développement économique. Cependant, on a pu constater que la révolution industrielle britannique s'est appuyée sur une population à moitié alphabétisée. La gratuité scolaire en Angleterre a été réclamée et obtenue par l'industrie textile anglaise, en pleine expansion, parce qu'elle faisait la relation entre l'augmentation de la productivité et l'alphabétisation. Il a été aussi prouvé qu'il existe une relation entre le taux de scolarisation dans l'enseignement secondaire, la stabilité politique et les libertés démocratiques. La stabilité politique demeure une condition essentielle, sine qua non, du développement économique.

La cohabitation de l'oral et de l'écrit dans une même société favorisera toujours ceux qui ont la maîtrise de l'imprimé et de la lecture, en leur donnant l'ouverture d'esprit qui manque à l'oralité. Elle va ainsi créer un sentiment de supériorité chez les alphabétisés, provoquer une cassure au sein de cette société et devenir un obstacle à une homogénéisation et à une cohésion.

L'éducation, l'éducation et encore l'éducation ! Tout commence par l'éducation qui est le point de départ de tout progrès ! C'est en lisant qu'on apprend. L'apprentissage de la lecture est privilégié à la base de tout système éducatif. Il va de soi cependant que l'investissement dans l'éducation nationale s'inscrit dans une perspective de long terme. Il faut aussi tenir compte du contenu pédagogique, mais c'est une autre question.

Cependant, si nous reconnaissons le rôle combien important joué par l'imprimé dans l'évolution de l'humanité, nous ne voulons pas pour autant discréditer l'usage de la parole. La parole, le langage dans sa complexité sont un acquis de l'évolution, limitée uniquement à l'homme. C'est évident que l'absence de langage aurait rendu impossible l'apparition de l'écriture. Notons aussi que l'usage de la parole est utilisé et valorisé dans la démocratie africaine de la palabre. Les échanges verbaux qui se font dans la palabre ont pour but de trouver un consensus qui satisfait toutes les parties concernées, sans qu'il n'y ait de gagnants ni de perdants, comme dans les démocraties occidentales ; l'objectif est de maintenir l'harmonie sociale. De plus, le passage direct en toute liberté de la parole à l'écriture peut donner lieu à des formes culturelles originales, comme c'est le cas de la *lodyans* haïtienne.

Le préjugé de couleur

Écrire l'histoire des préjugés, ce serait écrire l'histoire de l'orgueil humain en général c'est le désir de sortir de la foule, de se signaler par quelque avantage et de conquérir ainsi la renommée.
Souquet-Bassèque, *Le préjugé de race aux Antilles.*

En dépit du préjugé de couleur, l'identité nationale haïtienne impliquait une identification positive avec la race noire.
Michel Rolph Trouillot

« D'après L.J. Marcelin, la misère a donné naissance à la guerre civile, de la guerre civile à son tour est venue la misère. » Il s'est empressé quand même d'ajouter, « on doit malheureusement avouer que le préjugé de couleur existe en Haïti et qu'il est loin d'exister sous une forme purement platonique. Le fait qu'il ne soit pas la principale cause de nos malheurs ne prouve pas qu'il n'ait aucune part dans ses malheurs. Il peut allumer des passions et provoquer des conflits, comme d'ailleurs cela s'est déjà vu, par exemple en 1879 ».

Le préjugé de couleur est un sous-produit de l'idéologie raciste dominante européenne. D'un côté, « l'espèce blanche » a élaboré une idéologie de bonne conscience pour justifier son comportement à l'égard de « l'espèce noire ».

Cette idéologie était cependant loin d'être innocente dans sa finalité, avec tout ce qu'elle comportait de lavage de cerveau continuel, direct et subliminal, sous forme d'interdits, de brimades, de tortures mêmes et d'humiliations répétées. L'intention était bien arrêtée de faire en sorte que l'empreinte de l'esclavage reste à jamais gravée dans le psychisme de la victime. « L'intérêt et la sûreté de la colonie veulent que nous accablions la race noire d'un si grand mépris que quiconque en descend jusqu'à la sixième génération soit couvert d'une tâche ineffaçable[1] ».

De l'autre côté, on peut comprendre que lorsque l'on a été fait prisonnier et réduit en esclavage, le doute puisse s'installer et que l'on puisse succomber à cette idéologie.

> « Libre depuis 1804 de la domination de la France, les Haïtiens luttent jusqu'à présent contre la domination des idées et des mœurs sur les- quelles a vécu la société coloniale. Combien parmi nous pensent et agissent comme des colons, et combien plus nombreux sont ceux qui ont gardé et agissent comme des esclaves ».

« Despotisme militaire, mépris de la liberté et de la vie humaine, aristocratisme prétentieux, esprit révolutionnaire, préjugé de couleur, rivalités provinciales, amour des jouissances faciles, cupidité et servilité » signalera Dantès Bellegarde.[2]

Robert Monsterlet[3] écrit que sur le plan social, le Blanc qui régnait sur le troupeau d'esclaves noirs de son habitation antillaise a définitivement imposé à l'esprit des populations de couleur un objectif plus que jamais vivant, devenir Blanc.

> « L'Antillais confronte ainsi deux modèles axiologiques contradictoires l'un valorisant et l'autre dévalorisant, qui cohabitent. Se sentir blanc est meilleur socialement que culturellement ; se sentir nègre est meilleur culturellement que socialement. Il y a une collision non assumée par un moi en formation d'identité- donc en déséquilibre- entre des

---

[1] Hilliard d'Auberteuil, cité dans Dantès Bellegarde, *La nation haïtienne*, Paris, Éditeur J. de Gigord, 1938, p. 37.

[2] Dantes Bellegarde Pages d'histoire, cité dans J. Barros, *op. cit,* p. 301.

[3] Robert Monsterlet, Essai sur la réalité historique des Antilles françaises, cité par Francis Affergan, *Anthropologie de la Martinique*, *Ibidem, op. cit,* p. 27.

valeurs endogènes et homogènes et des valeurs d'importation déstructurantes. Ne pouvant se reconnaître lui-même en tant qu'être plein et autonome, l'homme dominé ne peut accepter l'Autre dans sa différence. Ainsi le dysfonctionnement révélateur de la pratique raciste est né de cette situation d'oppression, historiquement bloquée, où l'individu ne peut s'identifier qu'à de mauvaises images. De là l'émergence d'une autodépréciation intériorisée qui finit par éterniser en valeurs positives ce qui n'est qu'un faisceau historique de déviances. Le comportement raciste fonctionne donc comme un déplacement compensatoire, à la place de l'acte efficace et producteur de sens de réel. C'est pourquoi il s'appuie sur ce qu'il y a de plus symbolique en l'homme : son nom, sa couleur, ses origines ethniques.[4]

> « Les valeurs rattachées à la peau sont ainsi venues recouvrir et éterniser les ex-fonctions sociales. Le préjugé de couleur est plus déterminant que la fonction sociale, il enveloppe un fantasme ou un désir d'être autre, toujours brimé, tandis que la fonction est essentiellement réelle, regroupant une activité et une place véritable dans le fonctionnement socio-économique. Les aspirations de changements de place ont considérablement brouillé le jeu, dans la mesure où, selon le schéma colonial intériorisé, le déplacement topographique que l'on veut effectuer va toujours se diriger vers le dominant. Cette tendance à se défaire de sa peau pour se masquer de la peau de l'Autre est elle- même freinée par l'ambivalence affective de l'Antillais colonisé envers le Blanc, ce dernier est bon modèle, mais aussi repoussoir puisqu'il est l'auteur de la situation de souffrance et de malaise.[5] »

La classe des Affranchis mulâtres, selon la codification désormais classique, telle que révélée par Moreau de St-Méry, devint le centre de ce conflit identitaire, et était destinée à compliquer les relations sociales à Saint-Domingue. Au fur et à mesure qu'elle prenait de l'importance, elle a été récupérée pour

---

[4] Francis Affergan, *Ibidem, op. cit*. p.29.

[5] *Ibidem.*

servir de classe tampon, avec pour rôle assigné la stabilisation du statu quo inégalitaire de Saint-Domingue.

> « L'esclavage ne s'est maintenu que par le sentiment inné chez le Noir de la supériorité de l'espèce blanche. Mais pour maintenir cette force morale plus puissante, plus efficace que la force physique, il faut nécessairement que la classe des affranchis par un mélange continuel avec l'espèce blanche ne puisse participer à l'exercice des droits politiques qu'au degré où la nuance de la peau ne pourra pas parler matériellement au sens grossier de l'esclave.[6] »

Mais cette classe moyenne des Affranchis, aux deux tiers mulâtres, par sa persévérance et sa discipline, grâce à une instruction souvent soignée, acquise en France, a progressé pour devenir concurrente de la classe blanche en possédant le quart des esclaves et le tiers des propriétés de la colonie. Ses relations avec la classe esclave sont alors devenues ambiguës, proche d'elle par le sang, mais tout aussi éloignée d'elle par ses intérêts économiques.

La politique que voulait suivre Hédouville, et qu'il suivit en effet, consistait à pousser tout à tour les mulâtres et les noirs contre les blancs partisans de l'indépendance de la colonie, puis les noirs contre les mulâtres afin de pouvoir régner grâce à leur division.

> « En réunissant les noirs à nous disait Sonthonax, nous nous débarrasserons de ces figures rhubarbes (les mulâtres), ensuite en nous mettant avec les nègres de Guinée contre les Créoles nous parviendrons à détruire sans difficulté ces docteurs maroquins (les Griffes et les marabouts), enfin la France fatiguée de tant de désordre finira par nous laisser faire, alors nous rétablirons l'esclavage. [7]»

Duvalier cite de nombreux exemples de discrimination entre noirs et mulâtres, le quarteron esclave qui préfère la mort au lieu de devenir l'esclave d'un affranchi noir. Les nègres libres qui ne sont pas admis dans les bals de mulâtres libres... un quarteron

---

[6] M. Bourcignon, cité dans Jean Fouchard, *Les Marrons de la liberté*, Éditions l'École, p. 346.
[7] Girod Chantrans, cité dans J. Barros, *ibidem, op. cit*, p. 301.

esclave, au-dessous du nègre libre par la loi, mais plus près de son maître par la couleur, méprisait son frère noir[8].

Cependant, la discrimination et les préjugés se retrouvaient partout. La fille d'un commandeur ou d'un ouvrier (esclaves tous les deux) ne voudra pas épouser le fils d'un nègre de jardin (esclave lui aussi[9]). Tel noir, esclave d'un gouverneur, d'un intendant, se croit au-dessus d'un Blanc qui n'a pas l'honneur de manger avec son maître[10].

L'ancien affranchi, devenu baron christophien, Valentin de Vastey, nous a laissé cette peinture sociale de Saint-Domingue.

> « Un esprit d'égoïsme, d'orgueil régnait dans toutes les classes. Les grands planteurs méprisaient les petits blancs ; les petits blancs méprisaient les hommes de couleur et les noirs affranchis et ceux-ci à leur tour les malheureux esclaves. [11]»

Cabon écrit cependant que les libres tenaient aux esclaves pour avoir vécu eux-mêmes dans l'esclavage ou, s'ils étaient nés libres, par l'un au moins de leurs ascendants. Les cas de recel de marrons sont nombreux. Moreau de Saint-Méry écrit à son tour que leurs habitations (des Affranchis) sont le repère et l'asile de tous les libres désœuvrés et sans aveu et d'un grand nombre d'esclaves fugitifs et déserteurs de leurs ateliers.

L'histoire a retenu les noms de nombreux chefs marrons mulâtres. Citons Candi, Jérôme, Romaine la Prophétesse, Charlotin Marcadieu, Candide, sans compter Marie Jeanne, Henriette de St- Marc, Cécile Fatima, l'assistante de Boukman au Bois Caïman.

« Nous braverons les tyrans et les ennemis de l'égalité et, plutôt que de laisser porter atteinte à votre liberté nous irons habiter avec vous (les Africains) ces mornes qui de tout temps ont offert un asile

---

[8] Mémoire du Général Bonnet, cité par F. Duvalier, *Problèmes des classes,.*

[9] P. Labat, cité dans J. Barros, *ibidem, op. cit.* 304.

[10] Le colonel Malenfant, cité dans J. Barros*, ibidem*, p. 302.

[11] Cité dans Gérard Barthelémy, *Le pays en dehors, op.cit,* p. 86.

aux hommes persécutés. Nous saurons nous y rendre redoutables menace André Rigaud.

Nous connaissons la mésaventure de Ogé et de Chavanes, malgré le plaidoyer dont voici un extrait : « je ne ferai pas soulever les ateliers, ce moyen est indigne de moi, si nous ne réunissons pas vite en faisceau toutes nos lumières, voilà nos terres envahies, les objets de notre industrie, nos foyers incendiés, nos femmes, nos enfants égorgés[12]... » Nous connaissons aussi la triste fin des « Suisses », esclaves noirs, livrés par les Affranchis mulâtres à la vengeance des colons qui les noyèrent en les précipitant sur le ponton du Môle St-Nicolas.

Dessalines était esclave d'un Affranchi noir dont il a gardé le nom. Il n'en a pas été privilégié et il n'a pas bénéficié de traitement de faveur. Il a été fouetté, peut-être davantage que ses congénères à cause de son tempérament rebelle. Il a aussi été esclave de la famille de Toussaint, qu'il ne portait pas dans son cœur ! Cette expérience le prédisposait à relativiser la problématique de couleur, ce qui explique peut-être l'attitude de Pétion qui le proposa comme chef de l'armée indigène. Devenu empereur d'Haïti, la majorité de ses proches collaborateurs sont mulâtres. Vernet aux finances, Guérin à la guerre, ses principaux secrétaires et aides de camp, Boisrond Tonnerre, Charéron, Bazelais, Dupuis, Charlotin sont tous des hommes de couleur.

Certains proches collaborateurs de Christophe seront aussi des hommes de couleur : de Vastey, Dupuis, Chanlate, le général Prévost, le Duc de Limonade.

Cependant, Dessalines, qui avait fait à la fois l'expérience de la guerre du Sud avec Toussaint et celle de l'union sacrée des noirs et mulâtres pour la libération nationale, avait voulu dissiper dans le pays cette cause de division avec l'article 14 de la constitution de l'Empire. « Tout Haïtien ne sera désormais connu que sous la dénomination de Noir. » Il sera le Père de la Patrie qui aura le plus fait pour dédramatiser et tenter d'éviter de perpétuer ce préjugé dans l'Haïti indépendante. Il ne cessa de multiplier les avertissements, sans parler de sa tentative infructueuse de donner

---

[12] Pauléus Sannon, cité dans Cabon, i*bidem, op. cit,* p. 63.

symboliquement en mariage sa fille noire Célimène au mulâtre Pétion. Il est vrai aussi qu'il ne voulait pas lier sa famille à celle de Toussaint, en la personne de Chancy, le neveu de ce dernier. Sa première déclaration du 20 novembre 1803, au lendemain de l'expulsion de Rochambeau, est sans équivoque. « Le voile affreux du préjugé est maintenant déchiré, malheur à ceux qui oseront réunir ses lambeaux sanglants. »

Le 28 avril 1804, il continua sur le même thème : « Noirs et Jaunes que la duplicité raffinée des Européens a cherché à diviser, vous qui ne faites aujourd'hui qu'un même tout, qu'une seule famille... maintenez cette précieuse concorde, cette harmonie parmi vous, c'est le gage de votre bonheur, de votre salut, de vos succès, c'est le secret d'être invincible. »

Toussaint au contraire, le premier de notre histoire, jouera à fond la carte noiriste comme tremplin pour son ascension à la tête de Saint-Domingue. Cet épisode sanglant de la guerre du Sud est devenu une « histoire fétiche » de notre vie nationale, souvent mentionnée, tronquée et exploitée. « Pourquoi le général Rigaud refuse-t-il de m'obéir ? C'est parce que je suis noir qu'il m'a voué, à cause de ma couleur, une haine implacable. »

Rigaud aura beau se défendre : « Je suis trop pénétré de mes droits d'homme pour croire qu'il y ait dans la nature une couleur qui soit supérieure à une autre ; je ne connais dans l'homme que l'homme même. Il faudrait que je fusse dépourvu du dernier gros bon sens pour que je pense avoir une pareille idée de refuser d'obéir à un Noir ; si j'avais la sotte prétention de croire que je ne suis pas fait pour cela, de quel droit voudrais-je que les Blancs m'obéissent... ? D'ailleurs, y a-t-il donc une si grande différence entre la couleur du général en chef et la mienne ? Est-ce une teinte de couleur plus ou moins foncée qui donne les principes de la philosophie et qui fait le mérite d'un individu ? Et, de ce qu'on est un peu plus noir qu'un autre, s'ensuit-il qu'on puisse tout faire à son gré ? Je ne suis pas fait pour obéir à un Noir ? Et toute ma vie depuis mon berceau j'ai été soumis aux Noirs. Ma naissance n'est-elle pas semblable à celle du général Toussaint ? N'est-ce pas une négresse qui m'a donné le jour ? N'ai-je pas un frère aîné noir pour lequel j'ai toujours eu un profond respect et une grande obéissance ? Qui m'a donné les premiers principes de l'éducation, n'est-ce pas un Noir qui était maître d'école dans la ville des Cayes[13] ? »

Rigaud écrivit ensuite cette lettre au président du Directoire Exécutif en France où on lit : « ... pour éviter les désastres qu'il craignait que des divisions intestines auraient fait naître, je crois devoir laisser ignorer au général en chef les dernières dispositions de l'Agent à mon égard et continuer de servir sous ses ordres, pensant que l'arrivée prochaine alors de l'Agent Roume rétablirait l'harmonie entre les chefs militaires, surtout disposé comme je le suis, à faire tout sacrifice d'intérêt personnel ». La lettre se termine ainsi « S'il était possible que toutes les apparences fussent trompeuses et que le général Toussaint n'eut à exercer qu'une vengeance personnelle contre moi, sentant combien il me serait impossible dans cette situation d'être utile à la République, ce qui est l'unique but qui m'a continuellement occupé, j'ai prié le citoyen Ministre de solliciter ma retraite et mon remplacement. »

Au mulâtre Lapointe qui essayait de l'enrôler contre Toussaint, Rigaud fit cette réponse :

> « Si les Africains pour la liberté desquels j'ai combattu deviennent ingrats au point de méconnaître mes services, je n'en serai pas moins fidèle à ma patrie, pas moins attaché aux sublimes principes qui m'ont dirigé ; je trouverai au fond de moi la douce consolation d'avoir embrassé une cause à laquelle la mienne est nécessairement liée et qui aurait été aussi la vôtre... Je dois réprimer votre insolence et relever le ton méprisant avec lequel vous me parlez du général français Toussaint Louverture. Il ne vous convient pas de le traiter de lâche puisque vous avez toujours craint de vous mesurer avec lui, ni d'esclave parce qu'un républicain français ne peut pas être un esclave... Toussaint au contraire combat sous les drapeaux de la liberté pour affranchir les hommes que vous asservissez[14]... »

---

[13] *Ibidem.*
[14] *Ibidem.*

Guy Joseph Bonnet dans ses Souvenirs historiques[15] raconte en ces termes l'entrevue de réconciliation entre Toussaint et Rigaud au Fort-de-Joux où tous les deux se sont retrouvés prisonniers : « Si je n'avais pas, sur l'instigation des Colons, dit Toussaint, fait sacrifier les hommes de couleur, mes frères, je ne me serais pas trouvé à ce moment prisonnier. »

Toussaint ne s'est-il pas aussi débarrassé systématiquement de tous ceux qui étaient en travers de son parcours ascensionnel ambitieux, Villate en 1796, Sonthonax en 1797, Hédouville en 1798, Rigaud et Roume en 1800 ?

On peut probablement comprendre et partager cette réflexion de Cabon qu'il était de bonne guerre que Toussaint utilisât cette arme contre un adversaire politique qui, en rétrospective, n'avait de toute évidence pas les ressources et la finesse diplomatique que réclamait la conjoncture politique explosive et difficile des dernières années de Saint-Domingue. Cette arme machiavélique et dangereuse n'a cependant pas toujours été aussi profitable pour le pays.

> « Ce préjugé de couleur a été récupéré dans Haïti indépendante et pour empoisonner la vie nationale en étant la cause de nombreux crimes odieux, de camouflages politiques machiavéliques et d'exploitation éhontée de la grande masse noire analphabète souvent d'ailleurs hautainement méprisée par le groupe qui se présentait comme son défenseur naturel parce que du même type phénotypique... la participation des noirs au festin des attablés, car les noiristes savent qu'ils sont assurés de toucher un point sensible des masses populaires surexploitées et brimées, mais dont la conscience sociale retarde sur l'être social par manque d'éducation politique [16]».

---

[15] Guy Joseph Bonnet, cité dans la *Monographie du Petit Goâve* de Nemours Rigaud p. 126,

[16] Benoit Joachim, *Les racines du sous-développement en Haïti,* Imprimerie Deschamps, 1979, p.119.

Beaucoup d'écrivains ont opiné sur la question de couleur. Généralement, leurs réflexions reflétaient la tendance de leur camp politique, leur position idéologique et aussi la perspective où ils se plaçaient. D'une façon générale, ils reconnaissaient son caractère profondément délétère pour l'équilibre social du pays. Une revue ponctuelle de certains commentaires et faits divers au cours des ans donnera une idée de la perversion sociale et des conséquences funestes sur la cohésion nationale que ce préjugé de couleur a engendrées. Surtout que beaucoup de « foreign scholars » qui se sont penchés sur notre histoire ont trop souvent tendance à tout simplifier et tout expliquer par ce travers culturel.

Pour Lysius Salomon[17] jeune : « Je n'écris pas pour diviser le nègre et le mulâtre, ils ne le sont que trop. Le préjugé de couleur déborde par tous les pores de notre société. » Il est visible dans le resserrement des cercles de famille, dans le jeu souple des alliances, dans le groupement par semblable ajoute Roger Dorsainville[18].

Pour Duvalier,[19] l'entité race apparait au premier chef la valeur morale de la nation haïtienne.

Pour Jacques Roumain,[20] la question de couleur est le masque sous lequel politiciens noirs et politiciens mulâtres voudraient escamoter la lutte des classes... « la couleur n'est rien, la classe est tout ».

Pour Jean Luc[21], la question de couleur était une énorme tromperie élaborée par la classe dominante pour mieux asservir les paysans et les prolétaires, pour les détourner de leurs revendications propres.

---

[17] Cité dans Hoffman, *Ibidem, op. cit*, p. 83.

[18] Roger Dorsainville, cité dans Hoffman, I*bidem,* p.87.

[19] F. Duvalier, *Ibidem, op. cit,* p. 76.

[20] Jacques Roumain, cité dans Hoffman*, Ibidem*, p. 91.

[21] Jean Luc*, Ibidem*, p. 92.

Daniel Heurtelou[22] pense que le préjugé de couleur est un moyen pour les uns et les autres de parvenir à cette mangeoire publique qu'est le pouvoir.

Philippe Toby Marcelin[23] rappelle avec malice que s'il y a encore des mulâtres, c'est que les noirs épousent des blanches ou des mulâtresses... Les descendants de Toussaint Louverture, de Salomon, de Louis Joseph Janvier sont aujourd'hui blanchis. Que dire de la progéniture de Duvalier qui d'ailleurs se vantait d'avoir réussi ce que Dessalines n'avait pu réaliser ?

En 1946, Serge Corvington[24] écrit en réponse à l'auteur de la lettre aux hommes clairs : « Les cinq principaux candidats noirs actuels à la présidence de la République se sont mariés avec bonheur à des femmes claires et parmi celles-ci l'on distingue une dont la couleur des yeux rappelle de très près le bleu de notre ciel. » Le jeune Édouard Francisque[25] (futur ministre important de Duvalier) porta ce jugement sévère dans sa thèse de doctorat en France.

> « Ces maquignons de la Patrie n'avaient qu'une pensée en tête, s'identifier par tous les moyens à la grande bourgeoisie... Le résultat le plus immédiat de la Révolution de 1946 fut de créer une nouvelle bourgeoisie et d'aggraver encore considérablement l'écart qui sépare les différentes couches de la population haïtienne. La bourgeoisie de 46 dépourvue de tout moyen de production ne pouvait consommer qu'en vivant en parasite obligatoire des masses laborieuses, forces vives du pays, malgré la faiblesse de leurs moyens et la précarité de leurs ressources... En fait, les hommes de 1946 ont jeté par-dessus bord le drapeau des revendications nationales et sont passés allègrement et sans scrupule de l'autre côté de la barricade, contre le peuple dont ils se disaient les fils authentiques. Deux sentiments

---

[22] Daniel Heurteloup, *Ibidem*, p. 98.
[23] Philippe Toby Marcelin, cité dans Barros, *Ibidem*, p. 711.
[24] Serge Corvington, *ibidem*, p. 98.
[25] Édouard Francisque, Thèse à la Faculté de droit de Paris, *ibidem*.

coloraient leur esprit, envie : à l'égard de la bourgeoisie, mépris pour le peuple. »

Price Mars[26] fait remarquer, à juste titre, « que de 1804 à 1914, 26 chefs d'État auront dirigé Haïti sans qu'un seul n'ait gouverné avec des gens de sa seule nuance. D'après moi, ce qui a constitué la question sociale de 1804 à 1915, on l'a dénaturée, ou systématiquement tronquée en l'affublant de fausses revendications. Depuis si longtemps que les noirs et les mulâtres s'entretuent pour accéder au pouvoir suprême sans que le succès de l'une ou de l'autre fraction eût changé quoi que ce fût au genre de vie des démunis de la fortune du plus ou moins noir ou du plus ou moins clair entre 1804 et 1915. La distance qui sépare la petite bourgeoisie intellectuelle et les masses en Haïti est tellement grande qu'elle crée continuellement les possibilités de résurgence de l'idéologie coloriste, preuve, dit-il, de l'interpénétration des couches dirigeantes et de la logique de classe qui malgré les rivalités et intérêts divergents les avait réunies aux dépens des masses populaires.

Sudre Dartiguenave, en 1915, a été le premier président mulâtre depuis 1879.

La lutte entre le parti libéral et le parti national est l'une des plus désastreuses de l'histoire du peuple haïtien, autant par ses résultats matériels que par ses conséquences morales. Des richesses considérables disparurent dans les flammes. Au sujet de l'incendie de septembre de 1880 à Port-au-Prince, un témoin, le pasteur Picot, écrivit : « Cette guerre est une guerre de couleur, noirs contre mulâtres, une guerre d'extermination. Parmi tous les commerçants de la capitale, il n'y avait que deux noirs. Donc le gouvernement a ordonné la destruction de toute la partie commerçante de la ville. » De son côté, l'archevêque de Port-au-Prince, Mgr Guilloux,[27] racontant ces évènements à l'évêque du Cap-Haïtien, concluait sa lettre par cette phrase : « Le commerce indigène est anéanti... On enfonçait les maisons en pierre pour piller... Ces actes de destruction et de pillage anéantirent le

---

[26] Price Mars, *Lettre ouverte à René Piquion*, Pétion-Ville, 1966.
[27] Dantès Bellegarde, *Histoire du peuple, haïtien*, p. 192. 18.

commerce indigène, qui avait été florissant jusque-là. Toutes les affaires commerciales et industrielles passèrent en des mains étrangères et l'on connut l'industrie des réclamations diplomatiques qui donnèrent lieu à des transactions aussi scandaleuses qu'onéreuses pour le trésor public ».

> « Les jaunes au pouvoir dit Edmond Paul[28] furent impolitiques ou impuissants, les noirs franchement réactionnaires ou incapables. Par un jeu de bascule, ils se remplacèrent tour à tour au suprême fauteuil, le machiavélisme de la minorité servant de marchepied au vandalisme de la majorité. Au sortir du berceau, le pays lui-même oscilla de l'impuissance à l'incapacité, de l'incapacité, à l'impuissance. »

Pour Anténor Firmin,[29] « la question de couleur est utilisée pour perpétuer la nuit qui règne dans le cerveau populaire en Haïti... ne travaillant point (les jaunes) à l'œuvre d'unification sociologique, s'évertuant plutôt à opérer une sélection artificielle et unilatérale, ils n'ont pu mener avec succès leur œuvre antipatriotique qu'en abrutissant soit par une licence immorale, soit par un appauvrissement systématique, la grande majorité du peuple confiné dans les fosses de l'ignorance. Les noirs hissés au pouvoir n'ont montré jusqu'ici que la préoccupation de s'y maintenir à l'instar du président Boyer, mais sans un but quelconque à réaliser ; ils se sont contentés d'être là et de régner. Lors même que l'un d'eux a choisi la question de couleur comme *instrumenti regni*, ce n'a été autre chose que pour se faire suivre par les uns et redouter par les autres, donnant des galons aux noirs et de l'argent aux jaunes... En attendant, le pays baisse et déchoit, glissant dans une ornière qui conduit à l'anéantissement final. »

Louis Joseph Janvier[30] s'est élevé contre l'assertion selon laquelle la lutte pour le pouvoir se livrait entre un parti noir et un

---

[28] Edmond Paul, cité dans Gérard Barthelémy, *Ibidem*.

[29] Anténor Firmin, *M. Roosewelt Président des États-Unis...*, Paris, F. Pichon et Durand-Auzias, p. 425-428.

[30] Louis Joseph Janvier, cité dans Benoit Joachim, *ibidem*, p. 121.

parti mulâtre et a réaffirmé que les associations politiques en présence rassemblaient aussi bien des Noirs que des Mulâtres.

> « On était national parce qu'on était contre Boyer Bazelais et libéral parce qu'on ne voulait pas voir Salomon arriver à la première magistrature de la République. Au fond il n'y a pas de programme administratif déterminé sur lequel on n'était pas d'accord. Les exploiteurs sont de toutes les couleurs. Lorsque par leur origine ils sortent directement de cette masse, ils sont dangereux. C'est par eux que tous les mauvais coups sont donnés aux intérêts de la collectivité. Dans leur hâte d'avoir un certain bien-être, ils trahiront n'importe quel individu pour un plat de lentilles. Méfie-toi d'eux. »

Sténio Vincent[31] opinait ainsi que ce sous racisme devint malheureusement une des constantes de notre politique, ensemble avec d'autres, ils s'installèrent dans l'organisme national et le minèrent sans merci. Dès le début, elles engendrent des intrigues et des haines implacables parmi les grands ancêtres eux-mêmes, les propres héros de 1804, qui avaient pourtant fait l'union sacrée pour régler son compte au blanc et conquérir de si haute lutte la liberté du peuple. « S'hypnotisant sur l'idée de race, de trop nombreux Haïtiens en étaient arrivés à mettre la Nation au second plan de leurs préoccupations. Notre inepte préjugé de couleur est une sorte de perversion de cette obsession raciale. Ils avaient souvent promené leurs loisirs à travers l'Europe. Paris était leur quartier général. Mais qui donc, parmi eux, n'avait jamais pensé faire un petit tour dans quelque région du Soudan ou du Congo pour aller communiquer un peu avec l'âme de nos lointains ancêtres Mandingues ou Bantous ? En connaissez-vous même un seul qui ait fait ce pèlerinage sacré ? Moi, pas... Si des Haïtiens plus foncés que les autres ont pu s'en servir dans le passé comme d'un formidable tremplin politique, c'est qu'il n'y avait que très peu de gens instruits parmi eux. Ils pouvaient exploiter ou laisser exploiter en leur faveur la question de couleur avec généralement la complicité de compères d'un teint plus clair évoluant dans la coulisse ou sur la scène. Ceux qu'on appelle encore les Noirs sont

[31] Sténio Vincent, *En posant des jalons, ibidem, op. cit.* p. 42- 43.

aussi instruits que les autres. Ils le sont même sinon davantage, mais en plus grand nombre ».

« L'existence indéniable du préjugé leur donnait (aux noiristes) la plateforme rêvée vers leurs fins immédiates. Mais en même temps ils investissaient toujours dans le champ des alliances pour la troisième génération... Ils portaient haut la bannière de l'authenticité politique, mais ils garantissaient dans leur privé social la reproduction du mulâtrisme... De Toussaint Louverture à François Duvalier, en passant par Dessalines et Salomon ils misaient tous dans un certain futur clair. Ce n'est pas sans raison que Jean Claude Duvalier fut mulâtriste, dans sa pratique, les présupposés venaient d'en haut. Fou qui croit qu'il trahissait le rêve, c'était ça le rêve », écrit Michel Rolph Trouillot[32].

> « Le noirisme, dit Hurbon[33] sera l'alibi qui permettra de cacher les complexes ou de les surmonter en apparence. Ne consiste-t-il pas finalement à rechercher, à envier la position et l'espace réservé au mulâtre : le pouvoir sous toutes les formes par lesquelles il s'exerce dans la société haïtienne ? La petite bourgeoisie intellectuelle se sait en mesure d'accéder à cet espace alors que pour les autres de l'arrière-pays des verrous puissants existent. Le maître blanc de l'époque esclavagiste expulsé du pays revenait sans cesse hanter toutes les pratiques sociales et culturelles. Tout se passe comme si une partie à la fois noire et mulâtresse de la population haïtienne se prenait pour un groupe d'étrangers égarés dans le pays et qui cherchent continuellement à dresser des barricades autour de leurs maisons, de leur vie contre toute connivence avec les masses d'illettrés. »

Firmin [34]raconte que pendant sa campagne électorale de 1879, au Cap-Haïtien, « des hommes de couleur avec qui j'ai vécu avant et après, mais qui combattaient alors Boyer Bazelais, en s'opposant à mon arrivée à la représentation nationale, avaient excité le peuple des campagnes circonvoisines à se grouper contre

---

[32] Michel Rolph Trouillot, *Les racines historiques de l'État Duvaliérien*, Éditions Deschamps, Port-au-Prince, 1985, p. 136.

[33] L. Hurbon, *Ibidem.*

[34] A.Firmin, *M. Roosevelt...* Ibidem, *op. cit*, p. 426.

sa candidature en leur disant, Firmin est un mulâtre aussi clair que blanc. »

Salnave[35] « ayant des difficultés dans le Nord avec les Cacos, suivant le conseil de son ami Numa Rigaud, se décida de soulever les Piquets du Sud. Ayant un fils à la peau noire, très foncé presque noir, du prénom de Victor, on fit venir celui-ci qu'on présenta aux révolutionnaires du Sud, déjà aux portes de Port-au-Prince. Ils furent obligés de se disperser pour voler à la défense de leurs biens et de leurs familles. Quand le chef des Piquets, le général Souffrant, vit le président Salnave pour la première fois, il protesta en déclarant que Salnave ne pouvait pas être mulâtre. Il fallut qu'on appelât Victor et que, questionné par le farouche Piquet, il désignât son père dont il avait d'ailleurs tous les traits, quoique pourtant complètement de la couleur de sa mère. »

> « Pendant la moitié de l'année 1888 et la grande partie de l'année 1889, la guerre civile désolait Haïti qui était divisée en deux camps dont l'un reconnaissait pour chef le général Légitime et l'autre le général Hyppolyte, noirs de peau tous les deux ». « Le général Légitime avait toujours été considéré avant son entrée dans la politique militante comme appartenant au parti noir ou national et cette qualité lui fut conservée quand il fut appelé aux affaires comme ministre d'État par le général Salomon dont l'arrivée au pouvoir en 1879, effet de l'irrésistible poussée des masses populaires qui avaient mis en lui toutes les espérances... ce n'est que plus tard qu'il fut représenté, par suite de combinaisons des partis, comme un tenant du parti mulâtre ou libéral qu'il voulait, disait-on, désormais servir et dont il voulait se servir. » « Le général Légitime, soutenu en même temps par des personnalités influentes du parti mulâtre et du parti noir avait contre lui des hommes importants du parti noir qui l'accusaient de trahison, d'avoir consenti à n'être qu'un mannequin dans les mains des mulâtres ou libéraux ; il avait aussi contre lui des chefs et des adeptes du parti mulâtre, qui lui en voulaient pour je ne sais quoi, probablement parce qu'ils trouvaient inadmissible qu'il pût

---

[35] *Ibidem.*

occuper sans encombre, surtout avec l'aide d'un grand nombre de leurs partisans, une place dont ils voulaient eux-mêmes ». « Le général Hippolyte était porté par les mêmes éléments. Celui-ci ayant triomphé de son adversaire et ayant été élevé à la présidence de la République, les nationaux, ennemis du général Légitime, s'en félicitaient bruyamment ; puis presque aussitôt après, ils déclarèrent, tout en rassurant le général Hippolyte de leur respect et de leur dévouement, que la politique qu'il avait, après réflexion adoptée, que son cabinet qu'il avait librement formé, fût une politique et un cabinet mulâtre ou libéral qu'ils combattraient.[36] »

Boyer[37] aussi utilisera la question de couleur pour diviser l'opposition. Quand les critiques de parlementaires mulâtres le harcèleront, il fera appel à des soldats noirs du Nord pour les effrayer.

Le docteur Louis Mars[38] raconte l'expérience de son père durant sa campagne présidentielle en 1930 : « Mon père en route pour sa ville natale, la Grande Rivière du Nord, s'était arrêté à Saint-Michel de l'Attalaye. Après son meeting qui se déroula fort bien, un assistant s'approcha de nous et nous fit part de sa surprise indignée. Un adversaire du Docteur, quelques minutes auparavant, avait en effet prévenu la foule que l'individu qui s'appelle Mars est un blanc. Et pour rendre la médisance plus fonctionnelle, il avait exhibé une photo prétendue de Price, photo qui, bien entendu, était celle d'un blanc. Mon père, dont on connaît la bonhomie, prit évidemment la chose avec un sourire. »

Du point de vue social, Leslie Manigat[39] soutient que chaque conjoncture de crise grave dans une compétition ouverte a vu rejaillir la question de couleur... Le plus triste est, pour être insensés, les jugements esthétiques sur la couleur ne sont pas

[36] L. J. Marcelin, *Haïti et ses guerres civiles*, Paris, Éditeur Arthur Rousseau, 1892, p. 134.
[37] Leslie J. R. Péan, *Ibidem*, p. 286.
[38] Cité dans Roger Gaillard, *La déroute de l'intelligence*, III.
[39] Leslie Manigat, *Ethnicité, nationalisme et politique*, cité dans Hoffman, p. 95.

moins intériorisés par ceux-là mêmes qui en sont les victimes « La fuite de la couleur noire, consciente ou inconsciente, accroit l'attraction vers plus clair que soi, multiplie les mariages destinés à améliorer la race. »

Du point de vue politique[40], il se manifeste cependant avec plus d'acuité, de rancœur et de force là où coexistent et entrent en compétition possédants et dirigeants mulâtres et noirs, tandis qu'il s'estompe ou est inconnu dans la majeure partie du pays et de la population où les possédants ont la même couleur de peau. Elle atteint son comble à la capitale où se dénouent les crises politiques, même quand elles sont nouées ailleurs. Le préjugé de couleur n'a toutefois jamais bloqué ou empêché des alliances entre des secteurs noirs et mulâtres des classes dominantes pour la conquête de l'appareil d'État, quand des intérêts économiques et sociaux étaient convergents.

« Nous ne sommes pas affranchis de l'héritage que nos maîtres nous ont laissé et la robe de Nésus qui pèse sur nos épaules n'est pas tissée malheureusement que de la fibre du coco-macaque. La division entre nègre et mulâtre, division rétrograde qui fit le malheur commun, est encore un des plus tristes legs de l'époque coloniale. Elle a pesé sur toute notre histoire, tantôt proclamée, tantôt niée, agissante et néfaste quand même... Que dans notre pays l'on s'occupe comme il convient de l'amélioration matérielle, intellectuelle et morale, non pas de mulâtres ou de noirs, mais de la jeunesse haïtienne, et l'on verra dans peu de temps si cette question d'inégalité des races humaines et de la race noire n'est pas la question la plus banale et la plus absurde de toutes celles qui aient jusqu'ici occupé l'esprit de l'homme et fait épuiser inutilement tant de papier, tant d'encre, voire même massacrer tant d'êtres humains.[41] »

« Le préjugé de couleur est une perversion de l'égalitarisme. » Toute la société en est ainsi imprégnée de haut en bas, de gauche à droite et de droite à gauche, avec des manifestations différentes selon le lieu, le temps et les intérêts. L'existence de ce préjugé de

---

[40] Benoit Joachim, *ibidem, op. cit*, p. 119.
[41] Dans Sténio Vincent, *Ibidem, op. cit,* p. 152.

couleur dans une société comme Haïti où prédominent des pratiques de gouvernement despotique et arbitraire, qui confond justice et vengeance dans la résolution des conflits issus de rivalités politiques, est une société condamnée à s'enliser dans une autodestruction morbide et stérile.

La société de confiance, en garantissant le droit à la liberté individuelle, permet à chacun de développer ses capacités dans la poursuite de ses intérêts et de son confort personnel, selon les limites fixées par les lois. Elle suppose en premier lieu un vouloir-vivre ensemble des individus qui forment le même corps social, donc un projet de société. En second lieu, elle suppose aussi l'existence d'un État capable de concilier le projet de société avec les aspirations individuelles. Il faut donc nécessairement la permanence d'un État arbitre respecté, un État de droit, gardien des règles du jeu qu'il établit.

L'histoire d'Haïti, depuis sa formation, est une négation flagrante de ces prémisses. De la société de méfiance où prédomine l'arbitraire dans la gestion publique, à la société à essence égalitaire bourrée de préjugés et qui répugne l'argent, en passant par l'analphabétisme et l'oralité, c'est l'évidence de l'existence d'un bagage culturel présentant des comportements inhibiteurs et des pesanteurs très lourds qui ont paralysé et qui ont entravé le développement économique d'Haïti.

Certains comportements ont la vie dure, surtout quand ils sont associés à de vieux mythes idéologiques bien ancrés et entretenus complaisamment. Certains loustics parlent du goût répétitif pour les chemins difficiles, d'autres d'aliénations qui mènent à la haine de soi-même, la pulsion de la mort. Ces assertions n'expliquent pas tout cependant. La réalité est bien plus complexe, le poids additionnel des influences externes est venu s'y ajouter.

Causes extrinsèques du sous-développement

Un peuple ne se libère pas de l'esclavage au Nouveau-Monde sans courir le risque de pratiques punitives de la part des grandes puissances occidentales.

Laënec Hurbon

L'Acte de naissance

Alain Peyrefitte[1], dans son analyse de la genèse du développement de la société capitaliste en Europe, accorde une place importance à l'immigration. « À plusieurs reprises, écrit-il, sur le chemin du développement, nous avons rencontré des immigrants, c'est- à-dire des personnes déplacées, obligées de puiser en elles- mêmes la force qu'elles ne peuvent plus trouver dans les repères disparus. La migration crée une dynamique de rupture, elle libère. L'immigrant est un vecteur du développement technique, plus dynamique que le transfert technologique dont il est porteur, son rayonnement augmente de l'effort d'adaptation qu'il doit fournir. »

En 1804, Haïti est née dans l'incertitude et la néophobie !

---

[1] Alain Peyrefitte, *La société de confiance*, Édition Odile Jacob, 1998, p. 238-252.

Boisrond Tonnerre,[2] au cours d'un souper d'État au lendemain du 1er janvier 1804, se fera l'interprète des états d'âme : « ... dans cette prévision, n'ayant que peu de jours à vivre, il nous faut jouir de la vie. Ce n'est qu'avec de l'argent que nous obtiendrons des jouissances. Eh bien, pour se le procurer, tous les moyens sont bons".

D'abord vint l'acte d'accusation déclamé par Boisrond Tonnerre : « Le nom français lugubre encore nos contrées ; s'ils trouvent un asile parmi nous, ils seront encore les machinateurs de nos troubles et de nos divisions. » La sentence suivit, décrétée par Dessalines ; l'exécution ne tarda pas. « Que m'importe le jugement de la postérité sur cette mesure que commande la politique, pourvu que je sauve mon pays »[3] s'exclama-t-il ! Sa détermination était totale, jusqu'au-boutisme, le mot d'ordre, « Au premier bruit du canon d'alarme, la nation est debout et les villes disparaissent ! Liberté ou la mort ! »

L'article 12 de la constitution de 1806 viendra un peu plus tard consacrer cette néophobie : « Aucun blanc ne mettra pied sur le territoire à titre de maître ou de propriétaire et ne pourra à l'avenir acquérir de propriété. » Cet article, que Hérard Dumesle a appelé « le boulevard de notre indépendance », a persisté inchangé dans toutes les constitutions haïtiennes jusqu'à l'occupation américaine.

Naturellement, Dessalines professait une conception tout à fait simpliste des relations internationales : « Si vous placez sur le plateau d'une balance le cadavre d'un Blanc et sur l'autre un sac de sucre, le Blanc prendra le sucre sans se soucier du cadavre. » Il n'en fut pas ainsi !

Il s'agissait cependant d'une néophobie relative.

Elle était suscitée par l'insécurité et la précarité des circonstances, car l'article 4 de la constitution de 1806 proclamait que « tout Africain ou Indien ou leurs descendants sont habiles à devenir Haïtiens ». Les Polonais aussi qui avaient combattu à côté des Haïtiens ont eu droit à la citoyenneté, de même que de

---

[2] Leslie J. Péan, *Économie politique de la corruption*, Édition Mémoire, 2000, p. 125.
[3] I*bidem.*

nombreux Français jacobins qui avaient combattu dans les rangs de l'armée indigène, particulièrement dans l'artillerie, et qui remplirent un rôle non négligeable à Vertières. Ils furent naturalisés en bloc par Dessalines et appelés par la suite « les franco-haïtiens [4]».

Cependant, néophobie ne signifiait pas isolationnisme ! Christophe entretenait une longue et chaleureuse correspondance avec les abolitionnistes anglais Tomas Clarkson et William Wilberforce. Christophe et Pétion, chacun de son côté, ont fait venir des étrangers pour diriger les institutions scolaires de leur État respectif. D'ailleurs, même durant le massacre des Français, les médecins, les prêtres, les pharmaciens et d'autres personnalités jugées utiles au pays étaient épargnés, comme ce fut le cas du naturaliste français Descourliz. De plus, mû par des convictions idéologiques profondes et probablement aussi par la nécessité géopolitique de se faire des alliés, en 1806, Dessalines, qui aurait bien voulu se lancer au secours des « infortunés Martiniquais », donna l'ordre à son général Magloire Ambroise de s'occuper du révolutionnaire vénézuélien Miranda, qui repartit de Jacmel (après y avoir créé le drapeau vénézuélien) vers Cartagena, satisfait avec une cargaison d'armes et de munitions.

En 1816 et encore en 1817, Pétion fournit à Bolivar[5] une aide déterminante, en plus d'un fort contingent d'Haïtiens, dont Sévère Courtois qui devint plus tard amiral de la flotte colombienne. Bolivar, en route pour la libération de la Colombie, de l'Équateur, du Pérou, de la Bolivie et du Venezuela, exprimait ainsi, dans une lettre, sa reconnaissance à Pétion : « Elle (votre excellence) est donc destinée à faire oublier la mémoire du grand Washington, en se frayant une carrière d'autant plus illustre que les obstacles sont supérieurs à tous les moyens. Le héros du Nord (Georges Washington) ne trouva que des soldats ennemis à vaincre et son plus grand triomphe fut celui de sa propre ambition. Votre Excellence a tout à vaincre, ennemis et amis, étrangers et

---

[4] Gérard Jolibois, « *Il y a 166 ans »,* Le Nouvelliste 69-11-29, cité dans Jacques Barros, L'Harmattan 1984 p. 674.

[5] Dr François Dalencour, *Alexandre Pétion devant 'humanité*, 1928, p. 17.

nationaux, les pères de la patrie et jusqu'aux vertus de ses frères. Cette tâche ne sera pas la plus difficile pour votre Excellence, car elle est au-dessus de son pays et de son époque. Je prie Votre Excellence d'agréer, avec l'indulgence qu'elle a toujours eue pour moi, l'expression candide d'une admiration sans bornes pour ses vertus, du respect pour ses talents et de la reconnaissance pour ses bienfaits ».

Pendant que Bolivar écrivait cette lettre à Pétion, le général Mina, en route pour le Mexique, afin de rejoindre la cause des insurgés indigènes qui s'étaient soulevés contre l'Espagne, recevait à Port-au-Prince le même accueil que le Colombien.

En 1808, quatre ans après la proclamation de l'indépendance haïtienne, le Dr François Dalencour[6] relate que Juan Sanchez et Cyriaco Ramirez levèrent l'étendard de la révolte contre la domination étrangère de Santo Domingo. Ils trouvèrent du secours moral et matériel auprès des deux chefs haïtiens qui se partageaient le territoire national, Christophe et Pétion. Toujours d'après Dalencour, Pétion mit une goélette de l'État haïtien à la disposition de Noirs et de Mulâtres qui végétaient et languissaient dans les Antilles. De même, il autorisa le passage de ceux qui erraient misérablement en Europe et qui furent expatriés aux frais de l'État haïtien, après avoir fait des avances à ceux qui en avaient besoin pour leur déplacement de l'intérieur des pays où ils se trouvaient, afin de se rendre au port d'embarquement. Le 17 avril 1817, 103 passagers, les frais de voyage de 11 401,75 fr payés par l'État haïtien, embarquèrent à Bordeaux sur le Brique hollandais Le Édouard à destination d'Haïti.

En 1861, le président Geffrard[7] continua la tradition et prit aussi fait et cause en faveur des patriotes dominicains en envoyant des soldats de sa garde présidentielle, les Tirailleurs, déguisés en civils, combattre pour empêcher l'annexion de la République Dominicaine par l'Espagne. Haïti donna asile au chef dominicain Francisco del Rosario Sanchez et à quelques-uns de ses

---

[6] *Ibidem.*

[7] I*bidem*, p. 45.

compagnons. Ce geste fut probablement à l'origine de l'arrivée de l'Amiral espagnol Rubalcalva dans les eaux haïtiennes.

Quand en 1870, les États-Unis d'Amérique du Nord faisaient des démarches pour l'annexion de la République Dominicaine, le président Nissage Saget intervint secrètement en faveur de l'intégrité de l'indépendance dominicaine, en fournissant des armes, des munitions et même des soldats déguisés en civils à la résistance dominicaine. Cette démarche lui valut des remontrances de la part du gouvernement américain qui envoya dans les eaux haïtiennes l'Amiral Poor menacer de faire sauter le Palais national de Port-au-Prince par le feu de son escadre. « ... le gouvernement haïtien ne pouvait rien entreprendre en ce qui concerne les sympathies du peuple haïtien envers les patriotes dominicains combattant l'annexion » fut la réponse du président Saget.[8]

C'est ainsi que la Grèce[9] aussi, en lutte pour son indépendance, par l'intermédiaire de l'abbé Grégoire, sollicita l'aide d'Haïti. Boyer, dans la tradition idéologique de ses prédécesseurs, fit vis-à-vis de la Grèce un geste de sympathie que certains ont qualifié de donquichottisme (40000 tonnes de café, pour être utilisés à l'achat d'armes, en plus d'une centaine d'Haïtiens qui tentèrent de gagner la Grèce pour se joindre aux combattants). Haïti n'était pas restée sourde à l'appel d'aide. Haïti fut le premier pays à reconnaître l'indépendance de la Grèce, le 15 janvier 1822. En 1935, la princesse Mariana de Grèce visita Haïti afin de remercier solennellement le peuple haïtien pour l'aide que son pays avait reçue en 1821.

Haïti inaugurait ainsi la solidarité internationale.

Peut-on oublier et ne pas mentionner Billaud-Varenne[10], le conventionnel français, proscrit de la France qui trouva asile en Haïti et qui dira « C'est la seule terre où je puisse respirer librement ». Citons aussi le fils de Camille Dumoulin dont la descendance est désormais haïtienne, « Il est beau que parmi les flambeaux du progrès qui éclairaient la route des hommes, on en

---

[8] *Ibidem,* p. 62.
[9] *Ibidem,* p. 23.
[10] I*bidem,* p. 22.

voit un tenu par la main d'un Nègre » écrivait Victor Hugo[11] à Exilien Heurtelou.

Le docteur Clément Lanier[12] a rappelé la participation d'un corps de volontaires d'Haïti à la guerre qui mit aux prises une nouvelle fois, de 1812 à 1815, Anglais et Américains. À la bataille sanglante de Chalmette, en Floride, où se rencontrèrent le 8 janvier 1815 une armée britannique de 12000 hommes et les milices régionales du général Andrew Jackson, le capitaine haïtien Jean Savary, de Saint-Marc, décida de la victoire en faveur des Américains en abattant d'un coup de feu le commandant anglais, Sir Edward Packenham, le propre beau-frère de Wellington.

En 1919, par le traité de Versailles, Haïti n'est-elle pas devenue l'un des premiers membres fondateurs de la Société des Nations ?

Plus tard, en 1935, fidèle à ses principes, sur le podium de la Société des Nations, Haïti eut à prendre la défense de l'Éthiopie envahie par l'Italie, avec l'approbation de la France : « Craignez, messieurs les Français, d'être un jour l'Éthiopie de quelqu'un. » Cette phrase prophétique était prononcée trois ans avant le déclenchement de la Seconde Guerre mondiale et l'occupation de la France par l'Allemagne nazie[13].

Le 29 mai 1939, le président haïtien Sténio Vincent fait adopter un décret législatif octroyant la nationalité par contumace et la citoyenneté haïtienne in abstentia aux réfugiés juifs d'Haïti. Il annonce être disposé à en accueillir 50000 afin de leur permettre d'échapper aux persécutions déclenchées par le IIIe Reich d'Hitler. Le 9 décembre 1941, après l'attaque de Pearl Harbor, Haïti déclare la guerre à l'Allemagne nazie, à l'empire nippon et à l'Italie. Elie Lescot, le président en fonction, entreprend aussi d'accorder le passeport haïtien à tout Juif qui en fait la demande. Pendant la Seconde Guerre mondiale, Haïti mobilise ses

[11] Jacques Barros, *Haïti de 1804 à nos jours*, L'Harmatttan, 1984, p. 214.
[12] Dantès Bellegarde, *Haïti et ses problèmes*, Editons Bernard Valiquette, Montréal, p. 250.
[13] Marcel B. Auguste, *Haïti et la deuxième guerre mondiale*, AGMV Marquis, 1988.

représentants consulaires en Europe pour faciliter les démarches des Juifs qui fuient l'Allemagne, en leur donnant la citoyenneté haïtienne. Elle accueille sur son territoire une centaine de réfugiés juifs.

Haïti devient ainsi terre d'accueil des Juifs persécutés d'Europe : plus de 300 familles juives viennent s'installer dans plusieurs villes haïtiennes, dont beaucoup à Jacmel. La petite histoire raconte qu'Hitler, vexé de se voir déclarer la guerre par un si "petit" État comme Haïti, décide qu'une fois sa victoire acquise en Europe, il viendra prendre possession de cette terre d'Haïti et en fera une grande écurie pour ses chevaux.

Cinq Haïtiens, pendant la Seconde Guerre mondiale, se joignirent au groupe de pilotes d'avion des Afro-Américains connus sous le nom de Tuskegee Airmen. Ces pilotes afro-américains avaient la réputation d'avoir escorté 179 bombardiers, effectué 1578 missions de combat sans avoir essuyé aucune perte. Les noms de ces Haïtiens méritent d'être connus. Ce sont Ludovic Audant, Raymond Cassagnol, Eberle J. Guilbaud, Nicolas Pelissier et Alix Pasquet. Ces pilotes haïtiens ont finalement obtenu une reconnaissance posthume. Le seul survivant, à l'âge de 89 ans, Raymond Cassagnol, fut honoré de la médaille du Congrès américain le 26 avril 2010.

Philippe Keefer, un Franco-Haïtien, fut consacré héros national français et commandeur de la Légion d'honneur pour sa participation héroïque, en qualité de capitaine de frégate à la tête d'un commando, lors de l'invasion de Normandie pendant la Seconde Guerre mondiale. Mentionnons aussi un autre Franco-Haïtien Tony Boncourt, étudiant en médecine, frère du photographe haïtien, Gérald Bloncourt, qui sera fusillé par les nazis pour acte de résistance. L'histoire n'a pas retenu les noms des autres Haïtiens qui avaient rejoint volontairement la France libre pour participer à sa libération. Le 8 décembre 1941, Haïti devint le premier pays de l'hémisphère américain à avoir déclaré la guerre à l'Allemagne nazie dès le lendemain de l'attaque de Pearl Harbor. Haïti participa à l'effort de guerre des États-Unis en la personne du président Élie Lescot qui fit un don d'un million de dollars au comité des finances de guerre de l'État de New York.

L'histoire d'Haïti se trouvera ainsi souvent à l'avant-scène de l'histoire du monde avec laquelle elle s'est souvent confondue. C'est grâce à Haïti que le français fut reconnu comme langue officielle de l'Organisation des États américains, ce qui donna ainsi un droit de cité au français dans une organisation internationale importante.

Haïti cultivait la réputation de sollicitude pour tout ce qui favorisait la liberté individuelle et l'indépendance des peuples. Elle était aussi pendant longtemps assimilée à l'eldorado de Saint-Domingue et excitait la convoitise de l'immigrant étranger. Après l'indépendance, les Anglais furent les premiers à s'y présenter. Profitant des liens privilégiés qu'ils avaient noués avec Haïti depuis Toussaint Louverture, de nombreux négociants anglais vinrent s'établirent en Haïti. Ils avaient leur club privé, l'Union Club, ce qui donne une idée de leur importance. L'Angleterre obtint même le traitement de la nation la plus favorisée, monopolisait le commerce extérieur d'Haïti et en tirait des profits énormes. Les intérêts anglais dans les divers ports de la république de l'Ouest étaient évalués à 6 millions de gourdes.[14]

---

[14] Leslie J.R. Péan, *op. cit*, 224.

Le Président Lescot présente un chèque d'un million de dollars à R
dolph Burgess, Président du Comité des Finances de Guerre de l'I
New York. Cette somme a été investie par la Banque National
République d'Haïti dans les bons du Troisième Emprunt de la V

Ce commerce permettait au pays de traverser les années pénibles des débuts de l'indépendance alors que la France était parvenue à embrigader les États-Unis dans une tentative désespérée d'anéantissement des Haïtiens par la faim, avec deux années d'embargo. Mais cette faveur à l'Angleterre eut son prix. Pétion fut obligé de réduire les droits d'importation payés par ce pays de 10 % à 5 %, ce qui diminuait d'autant les recettes fiscales. L'objectif poursuivi par ce traitement de faveur accordé aux Anglais était d'amener les États-Unis, qui multipliaient les démarches pour un traitement similaire, à reconnaître l'indépendance d'Haïti, ce qui ne se réalisait pas.

Les citoyens américains étaient quand même très nombreux dans le pays et ils étaient eux aussi bien organisés. En 1819, ils écrivaient à Boyer pour demander l'abolition de l'article 7 de la constitution haïtienne qui interdisait le droit de propriété aux étrangers. Ils réclamaient les mêmes droits et privilèges dont jouissaient les citoyens de la république[15]. Pendant les deux ans qui ont suivi l'indépendance, avant l'embargo, le commerce

[15] *Ibidem* p. 225.

américain occupait la première place en Haïti. Cet échange ne se faisait pas sans heurts cependant et la faiblesse de l'État haïtien a été souvent exploitée par ce puissant voisant.

Il arrivait que des bateaux américains partent précipitamment sans payer leurs redevances. Ce fut le cas, par exemple, en 1805, du navire américain La Louisiana, mouillé au port de Port-au-Prince, qui prit le large avec un important chargement de denrées sans payer les droits d'exportation[16].

Une firme américaine[17], Von Kapff & Brune de Baltimore, empocha quelque 130 mille dollars de Christophe sans exécuter sa commande. C'était mal connaître le monarque qui se fit justice en confisquant les avoirs des commerçants américains de son territoire jusqu'à concurrence de cette somme.

Haïti se présentait aussi à l'époque comme symbole de dignité raciale noire, inacceptable et potentiellement dangereux pour l'avenir des colonies antillaises. Elle était une menace pour tous les pays esclavagistes. L'Angleterre craignait pour la Jamaïque, l'Espagne pour ses colonies d'Amérique, les États-Unis redoutaient pour leurs nègres du Sud l'exemple de ces esclaves haïtiens.

Le ministre des Relations extérieures français écrivait le 16 octobre 1801 à Otto[18], son agent à Londres :

> « Le gouvernement britannique ne pourra voir qu'avec plaisir une expédition dont le but est de ramener la colonie de Saint-Domingue à un état d'organisation tel qu'elle ne soit plus d'un voisinage dangereux pour toute la couronne européenne dans les Antilles. »

---

[16] Alain Turnier, *Les États-Unis et le marché haïtien*, Washington, p. 96.

[17] Jean Coradin, *Histoire diplomatique d'Haïti,* 1804-1843, tome 1, p. 73.

[18] Marcel Auguste, *L'armée de Saint-Domingue*, p. 18.

Talleyrand[19] écrivait au général Louis Turreau, son représentant à Washington :

> « L'existence d'un peuple noir en armes, occupant un sol souillé par un acte des plus criminels, qui a massacré et anéanti l'espèce blanche de Saint-Domingue, est un spectacle horrible pour toutes les nations blanches le commerce entre les États-Unis et les révoltés de Saint-Domingue se continue avec impudeur et une publicité... »
>
> « Dans le cas où Sa Majesté[20] très chrétienne jugerait convenable d'employer quelque voie que ce soit, même des armes, pour récupérer Saint-Domingue et ramener sous son obédience la population de cette colonie, Sa Majesté britannique s'engage à ne point y mettre ou permettre qu'il soit mis par aucun de ses sujets, directement ou indirectement, un obstacle ».

Jefferson[21], président des États-Unis, prêta à la France, dès son arrivée au pouvoir, la somme de 300 000,00 $ pour donner assistance aux colons de Saint-Domingue. Il devait assurer M. Pichon, ambassadeur de Napoléon à Washington, qu'il ne partageait pas les vues de Toussaint et que les États-Unis seraient neutres et ne voleraient plus au secours de Toussaint si la France décidait d'envoyer une expédition militaire. À sa demande, en décembre 1807, le Congrès américain votait contre Haïti un embargo qui resta en vigueur pendant deux ans, jusqu'en 1809.

En 1821, Haïti faisait la première expérience de discrimination, de rejet et d'humiliation dans ses relations internationales. Elle ne fut pas invitée à la première réunion, convoquée à Panama par Bolivar, de tous les États indépendants du Nouveau Monde, malgré les nombreuses lettres, les éloges et les promesses antérieures de celui-ci. « La Colombie éprouvait une grande répugnance à maintenir avec Haïti des relations de courtoisie

---

[19] Dans Alain Turnier, *Les États-Unis et le marché haïtien*, Washington, p.95

[20] Dans Alain Turnier, *Les États-Unis et le marché* haïtien, Washington, 1955, p. 95.

[21] Leslie J.R. Péan, *op. cit,* p. 269.

généralement observées parmi les nations civilisées » écrivait le ministre des Relations extérieures de la Colombie.

Boyer accusa le coup de l'exclusion d'Haïti à Panama et exprima ainsi sa déception dans une proclamation pleine de dignité au peuple et à l'armée le 6 janvier 1824 :

> « L'expérience nous éclaire, nous ne devons compter que sur notre propre énergie. Mais, en nous plaignant de l'injustice exercée envers nous, en prenant des précautions pour l'avenir, nous persévérerons toujours dans nos principes de loyauté. [22]»

Le sénateur Hayne[23] de la Caroline du Sud des États-Unis disait à propos de la conférence de Panama « Notre politique vis-à- vis d'Haïti est simple. Nous ne pourrions jamais reconnaître son indépendance... nous n'irons pas à une conférence sur le trafic des esclaves et sur Haïti ».

De même que M. Benton[24], sénateur du Missouri, était aussi clair :

> « Notre politique vis-à-vis d'Haïti a été fixée il y a 30 ans. Nous commerçons avec elle, mais aucune relation diplomatique n'avait jamais été établie entre nous. Nous achetons d'elle du café que nous payons, mais nous n'échangerons ni consuls ni ministres. Nous n'en recevrons ni Consuls mulâtres ni Ambassadeurs noirs. »

Jusqu'en 1850, l'opinion des États-Unis n'avait pas changé. Le 27 avril de cette année, le Weekly Herald ira plus loin : « Ce serait une chose glorieuse de renverser ces horribles pirates, les pires des pirates et des bandits couleur de charbon, la population noire de ce qu'on appelle l'Empire d'Haïti [25]».

Dès 1823, l'Angleterre reconnaissait l'indépendance du Mexique et des autres États sud-américains, mais se gardait d'un

---

[22] Dr Francois Dalencour, *Alexandre Pétion devant l'humanité,* 1928, p. 29.

[23] Jean Coradin, *op cit,* tome 1, p. 142.

[24] I*bidem.*

[25] Dans J. Barros, *ibidem*, p. 210.

geste à l'égard d'Haïti malgré sa longue tradition d'échanges de toutes sortes avec elle.

L'isolement pesait sur Haïti qui essayait par tous les moyens de briser l'embargo et de forcer la reconnaissance. Pétion organisa des bateaux-expositions montés par un équipage exclusivement indigène, chargés de produits haïtiens, café, coton, sucre, etc., qui visitèrent certains ports des États-Unis et d'Angleterre. Les bateaux, Le Coureur et Le Conquérant, le premier dans la rade de Philadelphie et le second dans les eaux de la Tamise, provoquèrent un vif intérêt, le plus sympathique[26].

Boyer[27] pensait quand même amadouer les États-Unis. Il suggéra cette lettre que le Secrétaire général Inginac écrivit au Secrétaire d'État américain John Quincy Adams, le 6 juillet 1822 :

> « Le gouvernement des États-Unis est le premier de tous les gouvernements auquel celui d'Haïti adresse officiellement la communication de sa situation politique, en demandant qu'un acte régulier de législature de sa sœur ainée reconnaisse son indépendance qui compte sa dix-neuvième année ».

Cette lettre reçut la mention méprisante « not to be answered, » à classer, pas digne de réponses.

Dans les années qui suivront, le gouvernement américain, malgré des intérêts de commerce évidents, provenant d'un trafic commercial prospère, malgré un courant favorable qui se manifestait dans les presses des États du Nord, obéira à la pression de ses États esclavagistes du Sud.

Le 7 mai 1842, un violent tremblement de terre dévasta la ville du Cap. Le pasteur Bird qui séjournait à Port-au-Prince écrivit à ce sujet :

> « Ce fut profondément humiliant pour l'étranger alors résidant dans la République de voir que les pays étrangers ne témoignèrent au peuple haïtien aucune sympathie dans

[26] Dantès Bellegarde *Ibidem op cit,* p.119.
[27] Jean Coradin, *op.cit,,* tome 1, p.140.

> sa grande affliction. Les Haïtiens le sentirent aussi, mais ils gardèrent noblement le silence[28] ».

Ainsi donc, pendant plus de 20 ans Haïti fut maintenue dans l'isolement avec un embargo américain commercial d'abord et ensuite diplomatique. Robert Rotberg écrit « pendant longtemps Haïti ne représentait qu'un campement isolé en état d'urgence permanente. Un Haïtien sur cinq était sous les armes ». Haïti ne pouvait oublier le mot d'ordre du 1er avril 1804 de Dessalines à ses généraux : « Souvenez-vous que notre pays ne peut exister qu'en criant aux armes de six mois en six mois ».

Il faudra attendre Abraham Lincoln[29] qui signa l'acte du 5 juin 1862 qui prévoyait la nomination d'un agent diplomatique des États-Unis à Port-au-Prince avec le titre de commissaire. Il était probablement influencé par ses entretiens avec Guillaume Florville, son barbier noir originaire du Cap-Haïtien, qui vivait en Louisiane. Benjamin Widden fut le premier représentant officiel américain à Port-au-Prince, alors que le colonel Ernest Roumain était désigné dans les premiers jours de 1863 pour présenter ses lettres de créance comme chargé d'affaires d'Haïti.

> « Seule une attitude raciste écrivait en 1971 David Nichols,[30] citoyen anglais, peut rendre compte des politiques des grandes puissances envers Haïti. »

Des décennies plus tard, Ricardo Seitenfus,[31] de nationalité brésilienne, représentant de l'Organisation des États américains en Haïti, de 2008 à 2011, témoignera de la même constatation, après son expérience internationale sur Haïti. « Haïti, a-t-il dit, a commis un péché originel, un crime de lèse-majesté, elle est devenue la première *(et la seule)* nation indépendante à émerger d'une révolution d'esclaves nègres. Haïti paie pour son impertinence. »

---

[28] Dantès Bellegarde, *Ibidem*, *op cit,* p. 140.
[29] *Ibidem,* p. 173-174.
[30] David Nicholls, *From Dessalines to Duvalier...*, 1996.
[31] Source internet, Ricardo Seitenfus, entretien avec le journal *Le Temps.*

L'Indemnité de l'indépendance et ses conséquences

Comme un coup de tonnerre dans le ciel de la Caraïbe, Haïti, le 1er janvier 1804, déclara son indépendance. Le deuxième pays indépendant des Amériques, la première et la seule révolution d'esclaves noirs réussie.

On ne s'est pas assez rendu compte cependant que Haïti était née ruinée, après deux siècles de saccage colonial anarchique, douze années d'une guerre de libération dite de terre brûlée, littéralement, sans monnaie, sans source de crédit, avec peu de ressources humaines, sans aucun modèle à imiter ou duquel s'inspirer. Avec le départ des colons français, elle venait de perdre la totalité de sa classe dirigeante. Il fallait tout penser immédiatement face à une convoitise et à une hostilité internationales déterminées à faire échouer cette expérience révolutionnaire unique, à vassaliser l'État haïtien et l'acculer à l'échec.

En même temps qu'on fait état des difficultés collectives rencontrées par ce nouveau corps social émergeant haïtien, il faut du même coup faire ressortir la force physique unique de ce groupe humain qui avait survécu aux mauvais traitements de l'esclavage. Que dire aussi de sa force mentale pour se mettre debout et clamer par-devant le monde entier qu'il croyait en sa dignité et qu'il préférait désormais mourir plutôt que de continuer d'accepter les humiliations qui lui étaient infligées ! Y-a-t-il un autre exemple similaire de résilience dans l'histoire de l'humanité ? Nelson Mandela des siècles plus tard sera reconnu pour personnifier cette capacité !

Haïti n'avait qu'un moyen théorique pour dénouer l'impasse dans laquelle elle se trouvait. C'était de faire reconnaître son indépendance par la France et d'espérer que les autres nations suivraient. La Russie, l'Angleterre s'étaient exprimées dans ce sens, mais la France utilisait son poids international pour empêcher cette démarche.

Sous la menace de quatorze bateaux de guerre, bien en vue dans la rade de Port-au-Prince, porteurs d'une ordonnance déjà signée par le roi de France Charles X, sera présentée au président Boyer.

Quand Boyer manifesta l'intention de vouloir négocier, le capitaine Mackau, commandant de la flotte française, lui aurait répondu «*je suis un militaire, j'exécute des ordres, je n'ai pas mission de négocier*». La menace était directe et claire. Boyer pouvait-il prendre le risque, en sachant fort bien que tous les pays occidentaux se rangeraient du côté de la France si elle décidait de sévir de la façon la plus violente contre la souveraineté d'Haïti ? Haïti ne pouvait rien seule contre la coalition solidaire de toutes les nations occidentales. La réalité politique a ses exigences et ses conséquences.

Haïti, accablée par des problèmes internes et externes insolubles, consentira de payer le 17 avril 1825, pour l'obtention de son indépendance une somme de 150 000 000 fr (qui sera plus tard réduite à 120,000 000 fr) c'était énorme ! Le premier résultat de cette indemnité, fut d'obliger le gouvernement d'Haïti à augmenter la dette en contractant, immédiatement en France, un emprunt de 30.000.000 fr pour en payer la première tranche à un taux d'intérêt anormalement élevé de 6 millions de francs. Dans l'histoire d'Haïti on fait ainsi référence à la «*double dette*» de l'indépendance.

Cette dette représentait quatre fois le budget de la France et dix fois le revenu annuel d'Haïti, dix fois le montant payé par les États-Unis à la France pour l'achat du territoire de la Louisiane qui représente le quart de sa superficie actuelle. Les expertises récentes révèlent qu'en équivalent du dollar contemporain, cette somme représenterait environ une vingtaine (20) de milliards. En outre, avec les intérêts de tous les prêts, qui n'ont été complètement remboursés qu'en 1947, les Haïtiens ont fini par payer plus du double de la valeur des réclamations des colons.

Le médecin américain Paul Farmer[32], de l'organisation humanitaire Partners in Health, écrivait en juillet 2003 : «Un diplomate français nous confiait récemment, sans ironie aucune, que sous la présidence de François Mitterrand (à la fin du 20e siècle) Haïti devait encore une part de cette dette.» Si la véracité de ce propos de Farmer est loin d'être prouvée, il témoigne

32 Source interne, *Les Blogs du Monde diplomatique*, 17 août 2010.

néanmoins, en y ajoutant sa durée, de l'ampleur de la saignée économique provoquée par cette dette, un immense boulet aux pieds, qui interdisait irrémédiablement tout progrès et condamnait la nation à la pauvreté.

Faisons remarquer qu'en 1825 le sucre avait virtuellement disparu de la liste des exportations haïtiennes. L'exportation en 1825 avait été seulement de 300 quintaux de sucre brut. En 1790, elle était de l'ordre de 465 mille quintaux de sucre brut et de 350 mille quintaux de sucre blanc ; en 1789, elle avait atteint 671 mille quintaux de sucre brut et 135.8 mille quintaux de sucre blanc. La quantité de coton exportée était à peine de 300 tonnes en 1825 contre 3000 tonnes en 1790[33].

L'épée de Damoclès d'une intervention française qui alimentait une préférence pour le présent chez les Pères fondateurs ne disparaîtrait pas avec la signature de l'ordonnance. Au contraire, comme le fait remarquer ce mémoire du Quai d'Orsay, signé du baron Mackau, Haïti allait être transformée en une colonie commerciale toujours liée à son ancienne métropole, à un coût moindre et avec des rendements plus intéressants qu'auparavant.

L'objectif était donc d'empêcher l'épanouissement de l'ancienne colonie. Haïti perdait ainsi sur tous les tableaux et avait définitivement hypothéqué son avenir.

Le président américain John Adams[34] devait déclarer le 6 décembre 1825 : « On trouve de nouvelles raisons contre la reconnaissance de la République d'Haïti, dans ce qui s'est passé dernièrement, quand ce peuple a accepté de la France une souveraineté nominale accordée par un prince étranger, sous des conditions parfaitement convenables à un État de vasselage colonial, ne laissant de l'indépendance que le nom. »

Avant l'indemnité, les revenus suffisaient au service intérieur du pays. Les charges de l'indemnité pesèrent lourdement sur le Trésor public et constituèrent une entrave de tout premier ordre au développement économique du pays. « L'indépendance qui, en nous donnant la libre jouissance du fruit de notre labeur, aurait dû

---

[33] Pierre V. Benoit, *Évolution budgétaire,* p.95.
[34] Leslie J. R. Péan, *op cit,* p 346.

être le commencement de notre ère de prospérité fit retomber sur nous des engagements dont le fardeau nous écrasa pendant plus d'un siècle[35] ».

Avec son code rural, Boyer rêvait peut-être de retrouver la prospérité de jadis, sous Toussaint ou mieux sous Christophe, pour payer la dette. Il en fut autrement ! Avec la signature de la dette se constitua une colonisation financière d'Haïti, commencée par la France, poursuivie plus tard par les États-Unis et par toutes les autres puissances coloniales qui profitaient de chaque occasion pour tirer leur part de profit.

La dette de l'indépendance a largement débordé la période pour laquelle elle avait été contractée. Non seulement elle n'était pas remboursée totalement en 1855, mais plusieurs autres emprunts extérieurs se succédèrent, tous plus scandaleux les uns que les autres, pour assumer le relais dans la domination du capital financier international. En ce sens, un expert des finances publiques écrira : « L'indemnité versée aux colons français pesait de tout son poids sur les finances haïtiennes : jusqu'en 1922, les emprunts extérieurs contractés par le pays devaient amortir ceux qui précédemment avaient servi au paiement des différents termes de cette indemnité, dont le montant n'avait pas été proportionné aux réelles ressources du pays.[36] »

« On s'accorde à dire que l'indemnité est la source de nos grands malheurs, qu'étant au-dessus de nos moyens, elle a entravé l'essor national, entrainé l'anarchie financière et politique qui a abouti à l'occupation américaine. [37]»

« Haïti s'est fait un grand mal en s'engageant imprudemment à payer à la France l'énorme somme de 150 millions de francs, pour prix de la reconnaissance de son indépendance. Outre que cette somme est au-dessus de ses moyens, le moment où elle a contracté cette dette devait encore nécessairement aggraver le mal de la

---

[35] Pierre Benoit, *Évolution budgétaire et développement économique d'Haïti,* Éditions Henri Deschamps, 1954, p 97.
[36] *Ibidem,* p. 250.
[37] Alain Turnier, *Société des baïonnettes,* cité dans Leslie J.R. Péan, *ibidem, op cit*, p 245.

manière la plus fâcheuse. Les murmures du public devinrent bientôt des clameurs contre la pusillanimité du gouvernement, et ceux qui ne purent se soustraire au paiement de la taxe cherchèrent à en diminuer le montant et à échapper à l'oppression en affectant une apparence de ruine, en diminuant leurs dépenses et leur train de vie, afin d'ôter au moins tout prétexte au fisc pour les charger davantage. » En plus de l'indemnité, Haïti réservait à la France le privilège de ne payer que la moitié des droits exigibles aux pavillons étrangers, ce qui laissa pendant dix ans un déficit annuel de 281 000,00 P. (environ deux cent quatre-vingt-un mille piastres) sur un revenu total n'excédant pas 1 125 000,00 P. (un million cent vingt-cinq mille piastres[38]).

Ces avantages accordés à la France provoquèrent des difficultés avec les États-Unis qui ne cessèrent de pressurer Haïti et de mettre des obstacles au commerce haïtien. La limite de crédit que les exportateurs américains imposaient aux Haïtiens était de 60 à 90 jours, alors que l'Europe accordait des termes de 4 à 6 mois.[39] De plus, les États-Unis, menaçaient en représailles contre le refus d'Haïti d'accepter un accord de réciprocité commercial, menaçaient de suspendre l'entrée en franchise du café et du cuir haïtien et d'établir un tarif prohibitif et discriminatoire sur ces produits. Le gouvernement dut céder.

En 1898, le commerçant américain John Metzger refusa de payer la licence des ouvriers étrangers de son établissement en se basant sur le traitement de réciprocité signé entre les États-Unis et Haïti qui prévoyait un traitement égal aux citoyens américains et haïtiens. Il est évident que ce traité ne devait avantager que les citoyens américains, car aucun Haïtien n'avait ni le goût ni les moyens de s'établir dans la société si obstinément ségrégationniste des États-Unis. Ce traité ne fit donc aucun bien à Haïti.[40]

Les difficultés soulevées par ce traité portèrent donc le gouvernement à donner officiellement son adhésion à la thèse de

---

[38] M. Clarkson et Macaulay, cité dans L. J. Marcelin *Haïti... op. cit,* p. 140.

[39] Alain Turnier, *Les États-Unis et le marché haïtien*, Washington, p. 157.

[40] I*bidem,* p. 142-143.

l'égalité de traitement en matière d'impôt entre les commerçants américains et haïtiens. L'ouvrier étranger cessait d'être assujetti au paiement de la licence. Le gouvernement, ayant cédé à contrecœur, pensait aviser un chemin de traverse pour récupérer ses recettes. Il éleva les droits de patente pour les banquiers, les importateurs et exportateurs. Cette mesure n'était pas discriminatoire et échappait en principe à tout reproche. Les commis haïtiens n'étaient soumis à la loi que dans les cas où ils ne pouvaient faire partie de l'armée active, de la Garde nationale ou de la réserve. En raison du mécontentement et des protestations soulevés par l'exécution de la clause relative aux employés, elle fut encore suspendue.[41]

Ces concessions tarifaires accordées aux États-Unis.occasionnèrent un manque à gagner pour le trésor haïtien qui fut obligé d'accorder les mêmes avantages à la France.

À la conférence panaméricaine de 1889, les États-Unis proposèrent aux pays latino-américains un traité de libre-échange qui signifiait la monopolisation du marché latino-américain en faveur de leurs produits industriels. Le Chili, l'Argentine et Haïti n'acceptèrent pas de faire cette concession. Les Américains revinrent à la charge et les représentants diplomatiques de l'Amérique latine furent invités par le département d'État à discuter des accords de réciprocité comportant des concessions tarifaires aux États-Unis, en retour du maintien de la franchise à l'entrée du café, du thé. La Colombie, le Venezuela et Haïti repoussèrent le projet malgré l'insistance du gouvernement américain. Le budget national reposant en majeure partie sur les droits d'entrée, tout accord de cette nature ne pouvait être qu'un suicide national. Malgré ces considérations, les États-Unis imposèrent contre Haïti le droit de représailles, la suspension de l'entrée en franchise du sucre, des mélasses et du café. Le gouvernement haïtien s'objecta avec raison, mais en vain. C'était une violation flagrante de la clause de la nation la plus favorisée. Les mêmes denrées étaient importées du Mexique et de

---

[41] *Ibidem,* p. 150-151.

l'Argentine exonérées de droits, en l'absence d'un traité de réciprocité ou de concessions particulières avec les États-Unis[42]

En 1900, les États-Unis s'appuyaient encore une fois sur la clause de la nation la plus favorisée pour réclamer les avantages du traité de juillet 1900 qui exemptait la France de droits additionnels à l'importation. Ce traité avait été imposé à la faiblesse haïtienne par des manœuvres cyniques de la France. La compagnie française Transatlantique réclamait le paiement à bref délai d'une dette de 250.000.00 $ La compagnie promit de renoncer à sa demande si Haïti acceptait le projet de traité proposé par la France. L'économie haïtienne dépendait du Havre. Haïti n'eut pas d'autre choix.[43]

Toutes ces manœuvres de représailles, toutes ces pressions diplomatiques, tous ces nombreux irritants, toutes ces concessions tarifaires contribuaient à réduire encore davantage les recettes haïtiennes qui provenaient presque uniquement des perceptions douanières à l'importation et à l'exportation, et à appauvrir le pays. La comptabilité de ces manques à gagner explique largement la pénurie de liquidité et l'impasse économique de l'État haïtien.

La République Dominicaine[44] a eu droit aussi à son indemnité. Le 8 mai 1899, au cours de la deuxième rencontre du président Sam avec son interlocuteur dominicain Ulysse Heureux, au Môle St-Nicolas, le président Sam, pour régler le différend frontalier entre les deux pays selon le tracé de 1873, donna une avance de 200. 000 .00 $ en or au président dominicain, assuré qu'il était qu'une décision arbitrale serait rendue en faveur de la République Dominicaine. Cependant, le président Heureux était assassiné avant la ratification du traité et son successeur Jimenez refusa de se laisser lier par le traité négocié avec Heureux et par la reconnaissance de l'indemnité reçue d'Haïti.

En 1837, au mépris de la souveraineté haïtienne, les États-Unis couvrirent de leur protection militaire une compagnie américaine

---

42 *Ibidem.*
43 *Ibidem.*
44 Alfred Viledas, *The foreign relations of Haiti in the hemispheric affairs, from independence to occupation,* 1804-1915, p. 286-287.

qui avait pris possession de l'île haïtienne de la Navase. L'exploitation du guano de la Navase échappa aux Haïtiens.

Haïti perdait ainsi sur tous les tableaux et avait définitivement hypothéqué son avenir.

Les emprunts étrangers

Si la société haïtienne apparaît jusqu'à présent comme une société en désarroi, divisée, bossales contre créoles, citadins contre ruraux, bionvillois contre possédants, noirs contre mulâtres, catholiques et protestants contre vaudouisants, c'est en grande partie parce que l'État national, paralysé et affaibli dès son origine n'a jamais eu les moyens de se constituer. L'État haïtien constamment affaibli a été condamné dès son origine, réduit à être uniquement un vulgaire agent du négoce de la finance internationale.

L'État haïtien, né avant la nation haïtienne, ne s'est jamais assujetti au rôle historique qui lui avait été échu, de parfaire les relations entre les individus et les classes sociales, entre les anciens libres, anciens affranchis et les nouveaux libres, anciens esclaves, aux intérêts divergents, pour la réalisation du projet qui s'imposait, de façon impérieuse, la création d'une nation haïtienne homogène.

L'État haïtien s'est d'ailleurs empêtré dans des conflits internes étatcides interminables, résultant des rivalités irréconciliables entre les différents clans de l'élite dominante, pour la conquête du pouvoir, source principale de fortune et de promotion sociale.

L'État haïtien n'aura finalement jamais eu de prise sur l'ensemble des activités productrices et culturelles du pays. Il n'aura pas su dégager des valeurs communes, une finalité sociopolitique consensuelle, un projet collectif inclusif partagé, une « communauté de rêves » parmi la population, pour sceller un sentiment d'appartenance collectif. Le seul consensus proclamé qui faisait l'unanimité, qui englobait toute la population, toutes classes sociales confondues, n'était autre que celui très étriqué, du refus de l'esclavage, qui n'a jamais été dépassé.

La dette de l'indépendance a drainé une grande partie de l'épargne nationale qui aurait pu être utilisée pour financer l'éducation et certaines infrastructures de base. Tous les emprunts subséquents contractés par le gouvernement pour payer l'indemnité française portaient intérêts et étaient garantis par un prélèvement sur les droits d'exportation du café dont la France, bénéficiaire d'un traitement privilégié, était le principal importateur. On peut donc comprendre pourquoi aucune transformation sérieuse de la physionomie sociale du pays n'a pu avoir lieu, comment se produisit la marginalisation progressive de la paysannerie qui aggrava sa méfiance envers l'État national ?

Une économie nationale n'a jamais pu être instituée à cause essentiellement de cette relation de dépendance qui existait entre le pouvoir politique et les marchands étrangers, la corruption et la domestication du politique par la finance internationale. Le rôle de la dette de l'indépendance a été de neutraliser très tôt toute volonté économisante du pouvoir politique, en lui soustrayant les bases d'une accumulation qui aurait pu déboucher sur un développement quelconque. L'État national zombifié n'a pu rien instituer. Les combats pour l'autodétermination menés par les aïeux ont été ainsi pervertis et piégés.

En fait, les problèmes financiers d'Haïti ne datent pas de Boyer. Ils ont leur origine à Saint-Domingue, le moule d'où est sortie Haïti. Pendant la période coloniale, selon l'esprit du pacte colonial, la métropole avait pour principe d'envoyer le moins possible de monnaie dans l'île et d'en soutirer le maximum. Saint-Domingue a toujours été paralysée par le manque de numéraire.

Saint-Domingue devait tirer ses espèces de son commerce interlope avec l'Amérique hispano-portugaise. Sans compter la fausse monnaie qui avait commencé de l'inonder, bien avant de devenir l'une des plaies de l'Haïti indépendante.

Les problèmes financiers commencent donc très tôt, sous Pétion,[45] l'État haïtien était né sans monnaie. La rareté du

---

[45] Alfred Viledas, *The foreign relations of Haiti in the hemisphere affairs, from independence to Occupation, 1804-1815*, 1971, p. 286-287.

numéraire, la guerre civile avec Christophe et les déficits budgétaires vont contraindre Pétion à faire des emprunts. Il dut recourir à un emprunt intérieur. Le premier des emprunts contractés par l'État haïtien demeure donc celui de 1811. Cet emprunt de 50000 gourdes n'apportera pas les fruits escomptés et le gouvernement de Pétion sera contraint, devant la rareté de l'argent, de procéder au perçage de la gourde, laissant à la gourde percée la même valeur que la gourde entière et donnant au morceau central une valeur moindre. Ce sera la création des fameux « d'Haïti » qui va ouvrir de nouvelles avenues à la corruption, aux faussaires et aux manieurs d'argent de tout poil. Pétion ne disposait pas des moyens policiers nécessaires pour en empêcher la contrefaçon, contrairement à Christophe qui a pu ériger un système fiscal énergique et constituer un trésor métallique important sans inconvénient, en prévention, dit-on, d'une indemnité à payer éventuellement à la France pour l'obtention de son indépendance. C'est à ce moment que naquit dans le gouvernement de Pétion l'idée d'avoir une banque haïtienne pour gérer les émissions de monnaie. Avec ce premier emprunt de Pétion va s'établir un système financier qui reposera sur les financiers et marchands étrangers, dont les effets pervers vont se révéler dévastateurs pour la croissance et le développement du pays. Le cycle des emprunts une fois ouvert, la voie était tracée pour toute sorte de manipulations. Sur le plan politique, c'est de là que vient toute l'influence des diplomates représentant les intérêts commerciaux des puissances coloniales et de leurs négociants. Les bailleurs de fonds, en l'occurrence les négociants étrangers, alliés à la finance internationale, vont profiter énormément de leur position de force, en présence d'un État faible, mis en tutelle, rendu incapable de réagir et de mener à bien le rôle qui lui était dévolu[46].

En 1875, le montant de la dette publique avait considérablement baissé. Il ne se chiffrait alors qu'à 13 730 589 fr. En cinquante ans, le gouvernement avait diminué la dette de 76 millions de francs, soit une réduction de 84 %. Bien entendu, pour obtenir ces 76 millions, il avait fallu adopter un ensemble de

[46] Leslie J.R. Péan, *ibidem, op cit,* p. 184.

mesures économiques[47] (émission de papier monnaie, forte imposition du café).

En mars 1875, la dette publique haïtienne comprenait donc un reliquat de 10 millions de la dette envers la France, et une dette intérieure de 6 millions. En vue de payer cette dette flottante, le gouvernement haïtien signa avec des commerçants locaux, agissant au nom de la banque de Paris, Marcuard, André & Co, un contrat d'emprunt de 10 millions de francs au terme duquel les commerçants devaient recevoir une commission de 3,5 %, tandis que toutes les recettes de l'État, et spécialement 2,50 $ de droit d'exportation sur le café, serviraient de garantie au remboursement de l'emprunt. Le but de cet emprunt, en plus de faire face aux besoins courants des différents départements du service public, était de recueillir les premiers fonds pour l'établissement d'une banque. On fondait beaucoup d'espoir sur cette banque qui devait stimuler et soutenir le développement des investissements par l'initiative privée et « conduire invinciblement au progrès et à la civilisation moderne[48] ». Comme les banquiers ne mirent aucun empressement à verser les fonds, l'Assemblée nationale prononça, en février 1875, la forclusion du contrat de septembre et autorisa un nouvel emprunt. Mais au lendemain du jour où le vote eut lieu, les banquiers de Paris annoncèrent l'émission prochaine des titres, qui fut faite effectivement le mois suivant pour un montant de 14 500 000 de francs au lieu des 10 millions prévus. Haïti ne reçut cependant aucun argent comptant de la vente de ces bons, mais plutôt de vieux titres haïtiens que les banquiers avaient achetés sur le marché à un prix dérisoire.

Mécontent de cette première transaction, le gouvernement conclut avec une autre banque de Paris un emprunt de 50 millions de francs dont le produit devait servir à rembourser les titres du premier emprunt et dont le solde serait consacré à des travaux publics et d'autres objets. Le Crédit Général ne put placer les nouveaux bons que jusqu'à concurrence de 36 500 000 francs, montant nominal dont le produit effectif fut de 31 530 470 fr, l'obligation de 500 fr ayant été vendue à 430. Comme le Crédit

[47] Pierre V. Benoit, *ibidem, op cit,* p. 97.
[48] Dantès Bellegarde, *L'histoire du peuple haïtien, op cit,* p.186.

Général était autorisé à garder 130 fr sur chaque obligation, le gouvernement haïtien reçut seulement fr. 21 800 000 dont il tira les 14 500 000 dus sur la première opération et 1 500 000 destinés à payer les intérêts et amortissements représentant la première annuité de ce second emprunt. La balance de 5 300 000 fr fut distribuée entre divers individus pour prétendus services.

Ainsi, comme résultat de ces deux affaires, Haïti contracta une dette de 36 500 000 francs et ne reçut en retour aucune liquidité, sinon 10 millions de francs sous forme d'anciennes obligations. Le solde de 26 millions fut dissipé en commissions payées aux banquiers, en primes accordées aux capitalistes et en pots-de-vin répartis entre les favoris politiques.

Boisrond Canal,[49] qui avait succédé à Domingue, fut aux prises avec toutes sortes de difficultés avec la France qui refusait de reconnaître son gouvernement et faisait pression sur lui de reconnaître l'emprunt de Domingue. Ce fut tellement scandaleux que le gouvernement haïtien ne céda pas. « Cet emprunt couvre la malversation la plus audacieuse, l'acte de trahison le plus odieux, le crime le plus hardi dont un gouvernement puisse être coupable envers le peuple qu'il gouverne » dit Boisrond Canal dans son message à l'Assemblée nationale, le 25 septembre 1876. Les banquiers français craignant une répudiation pure et simple de l'emprunt acceptèrent en 1881 de ramener de 36 500 00 à 21 000 000 de francs cette dette d'Haïti.

Aucun des buts visés dans les protocoles d'emprunt ne fut donc atteint. Sur le plan extérieur, la dette s'accrut ; sur le plan intérieur, les dépenses s'équilibrèrent rarement avec les recettes, la conséquence était soit l'émission de papier-monnaie, soit le gonflement de la dette intérieure, surtout depuis la création de la Banque Nationale.

En 1910, pour faire face aux difficultés financières qui persistaient, le gouvernement se résolut de recourir à un nouvel emprunt sur le marché étranger. Cet emprunt devait procurer au gouvernement les ressources nécessaires à l'exécution d'une réforme monétaire, de plus en plus nécessaire et urgente,

---

[49] Alain Turnier, *Quand la nation demande des comptes,* p. 184.

comportant notamment le retrait de la monnaie fiduciaire en circulation (le retrait du papier-monnaie encore une fois). Une valeur de 10 millions de francs serait spécialement affectée à cette opération.

Nominalement, de 65 millions l'emprunt ne rapporta que 40 millions. Le titre de 500 fr était pris ferme par les concessionnaires au prix forfaitaire de 361, 54, de sorte que le produit net de l'emprunt était réduit à 47 millions de francs. La différence de 25 millions servit en partie à engraisser divers intermédiaires occultes français et haïtiens, et à faire bénéficier les souscripteurs d'une prime de risque d'un montant total de 7 475 000 de francs. En outre, sur ces 40 millions, 10 millions furent retenus par la banque en vue de compenser le retrait du papier-monnaie haïtien. Bien entendu, la banque qui percevait 5 % l'an d'intérêt du gouvernement haïtien sur la totalité de 65 millions ne versait aucun intérêt sur les 10 millions qu'elle conservait pour le retrait ultérieur du papier-monnaie.[50] À la suite de toutes ces opérations de rachat, les valeurs liquides venant de l'emprunt restées à la disposition du Trésor s'élevaient à 954 861 83, soit 1.46 % du montant total de l'emprunt, tandis qu'en revendant les 130 000 obligations à 455 fr au lieu de 361, 54, la banque réalisa le même jour un profit de 10 500 000 fr. Grâce aux bénéfices ainsi réalisés à l'émission, elle se trouvait donc en mesure de constituer le capital de la future banque haïtienne, sans mettre à contribution ses propres capitaux.

Ce qui fait dire à Marcelin : « On comprend que dans ces conditions le capital à verser de la nouvelle banque n'était pas difficile à trouver. C'est notre propre argent qui le constituait. » À propos de cet emprunt de 1900, M. H.W. Furniss,[51] ministre américain à Port-au-Prince, présenta au nom de son gouvernement un mémorandum où on lit :

> « Le gouvernement des États-Unis doit s'opposer à l'établissement en Haïti de droit de monopole qui exclut les entreprises américaines. Il ne permettra pas à ces

---

[50] Cité dans Alain Turnier, *Quand la nation demande des comptes, ibidem, op cit,* p. 184.

[51] Joseph Chatelain, *La banque nationale, son histoire, ses problèmes*, Port-au- Prince, 1954, p.79.

contrats de produire, au détriment des citoyens et des intérêts américains, leurs effets si préjudiciables. »

Cette intervention officielle, enregistrée pour la première fois de notre histoire sous une forme assez menaçante et ouverte, suscita quelque émoi parmi les négociateurs de la banque et de l'emprunt.

L'apparente indifférence haïtienne à l'égard du solennel avertissement américain en la personne de M. Furniss s'explique par un arrangement qui était intervenu, procurant un apaisement complet des appréhensions américaines. La National City Bank de New- York était admise à faire partie du groupe concessionnaire à titre de 20 % contre 75 % français et 5 % allemand. Ayant ainsi réussi à imposer sa collaboration, la National City Bank s'appliquera à en rechercher le plein contrôle. En 1916, elle aura acquis les parts des associés allemands et quatre ans plus tard elle éliminera le groupe français, devenant ainsi le seul propriétaire de l'entreprise. Cette fois encore, l'État haïtien se trouva, à la suite de cette transaction financière, avec une dette extérieure augmentée de 65 millions pour laquelle il reçut moins d'un million, sans avoir les moyens d'entreprendre les réformes qu'il visait.

> « De par le monde, dans la vieille Europe, des peuples de très ancienne civilisation ont suspendu le paiement de leurs dettes. De semblables désastres ne nous sont pas encore arrivés. L'emprunt de 1910, depuis le 24 mars 1914, a été pour toute l'année servi, intérêts et amortissements régulièrement payés sans la moindre défaillance. En date de 24 mars 1914, tous les titres extérieurs étaient couverts pour toute l'année, intérêts et amortissements, par anticipation, aux échéances prévues. Les dettes intérieures 1912-1913 ont été, intérêts et amortissements, régulièrement payés, et cela, sans la moindre défaillance. Les coupons de chemin de fer du Nord, avec un mois seulement de retard, justifié par un enter-règne, ont été acquittés si bien que les cours des valeurs haïtiennes qui, à un certain moment avaient fléchi, s'étaient relevés. La république d'Haïti était, en 1915, uniquement débitrice de la France. Elle n'avait jamais voulu emprunter de l'argent aux États-Unis parce que son

gouvernement avait toujours eu la crainte de l'impérialisme du dollar. Ses trois emprunts, 1875, 1896 et 1910 avaient été contractés en France parce qu'elle ne redoutait de ce pays, sous prétexte de revendications pécuniaires, aucune atteinte de son intégrité territoriale ou à son indépendance politique et administrative.[52] »

« Cependant, dès 1913, poursuit Bellegarde,[53] le gouvernement américain avait essayé d'intervenir dans la politique intérieure d'Haïti.

M. Osborne, sous-secrétaire d'État américain, profitant d'une visite à Port-au-Prince, avait directement fait des ouvertures à Michel Oreste, mais elles avaient été très fermement écartées. Un projet relatif à une aide militaire fut présenté à Oreste Zamor, il le repoussa. La même tentative fut renouvelée auprès de Davilmar Théodore. Sous Vilbrun Guillaume Sam, deux hauts fonctionnaires américains, M.M. Fort et Smith, demandèrent à entrer en relation avec le gouvernement haïtien pour la conclusion d'une convention, ils furent courtoisement éconduits. Enfin M. Paul Fuller, venu à Port-au-Prince comme envoyé extraordinaire des États-Unis, était en pleine négociation avec le ministre des Relations extérieures M. Ulrick Duvivier, quand il rompit brusquement les pourparlers et repartit pour Washington à la nouvelle d'une nouvelle levée de boucliers dans le Nord sous la direction du docteur Rosalvo Bobo. Les États-Unis cherchaient activement le prétexte qui devait aboutir à l'occupation américaine. »

Au point de vue de ses obligations extérieures, la République d'Haïti était, en 1915, uniquement débitrice de la France. M. Farnham, directeur de la Banque Nationale, cherchait par tous les moyens pour provoquer des embarras financiers à Haïti dans le but d'imposer le contrôle de la douane par le gouvernement des États-Unis. Évoquant le moratoire décrété en France, il avait suspendu les avances à

[52] *Ibidem* p. 81-82

[53] Dantès Bellegarde, *Un Haïtien parle*, Chéraquit, Imprimeur-Éditeur, Port-au- Prince, 1954, p.195.

court terme que la banque s'était engagée, par contrat, à faire au gouvernement haïtien. De plus, ajoutant aux embarras que cette répudiation de ses engagements avait créés, la banque avait enlevé de son caveau et fait transporter à New York, sur le Mathias de la marine de guerre des États-Unis, 500 000 $ appartenant à la République d'Haïti et qui furent mis à la disposition de la National City Bank pour être employés dans les affaires particulières de cette banque américaine.

D'autre part, comme conséquence de la guerre, l'exportation du café était tombée de 81 484 255 en 1913 à 45 062 354 livres en 1914, les revenus publics ayant considérablement diminué[54].

En juillet 1915, les États-Unis d'Amérique procédaient à l'occupation militaire du territoire d'Haïti.

« Poursuivant son projet de domination depuis 1916, le conseiller financier de l'occupant américain, M. Ruan[55] faisait pression sur le gouvernement haïtien pour contracter un emprunt de 30 $ millions aux États-Unis. La fin du mandat de Dartiguenave retarda les discussions, d'autant plus que les conditions attachées à l'obtention de cet emprunt ne satisfaisaient pas le gouvernement. Avec l'élection de Louis Borno, le conseiller financier revint à la charge. Borno, plus complaisant vis-à-vis de l'occupation à qui il devait son élection, signa secrètement un accord dit Acte Additionnel avec le représentant des États-Unis M. Bailly Blanchard, permettant l'obtention de cet emprunt. Officiellement, l'emprunt devait bénéficier au pays à cause de la baisse du franc français, ce qui permettait de racheter avantageusement les emprunts de 1896 et de 1910 dont le solde s'élevait alors à 87 023 825 fr qui, calculé à 0.08 $ le franc, ne représentait que 6.971.874 $. »

---

[54] Dantès Bellegarde, *La résistance haïtienne*, Éditions Beauchemin, 1937, p. 29-30.
[55] Cité dans L. J. Marcelin, *Haïti... ibidem, op. cit,* p. 116.

« Les négociations de cet emprunt furent menées exclusivement entre le fonctionnaire américain Mc. Ilhenny et une banque américaine. Le peuple haïtien ignore tout de cette négociation. Aucun citoyen d'Haïti ne peut par conséquent dire si, comment et pourquoi de larges profits furent accordés à la National City Bank ; si, comment et pourquoi, et à quelles personnes des commissions licites ou illicites ont été versées. Du montant nominal de l'emprunt de 16 000 000, Haïti reçoit 14 755 253,00 $. La National City Bank obtint un gros profit de 441 321,12 tandis que sur un emprunt similaire de 18 $ millions fait à la République de Chili, la même année, c'est-à-dire le 6 novembre 1922, le profit n'était que de 431 958, 22. »

« De plus, le conseiller financier, en vue d'amortir plus rapidement ce dernier emprunt, fit garder dans les coffres de la National City Bank de New York une somme considérable sur laquelle cet établissement n'accordait à Haïti qu'un intérêt de 2,12 %, tandis que Haïti avait la possibilité de la placer sur le marché à un taux beaucoup plus élevé. C'est à ce sujet que l'un des conseillers financiers américains Dr W.W. Cumberland pouvait dire en 1926 que « Haïti prêtait de l'argent à Wall Street ». Qu'il suffise de dire, pour donner une idée du bénéfice réalisé par cette banque au détriment du peuple haïtien, que la réserve de New York créditée au nom du conseiller financier a été pour 1926 de 2 331800 $ pour 1927 de 2 496 200 pour 1928 de 3 874 800. Elle a certainement augmenté pour l'année 1929, évaluée dans l'ordre de 4 millions. »

« Quant à la dette intérieure, le gouvernement voulait la consolider en Haïti, considérant qu'il n'était ni même économique ou politique de vouloir remplacer une dette intérieure à 6 % par un emprunt extérieur dont l'intérêt serait de 7.12 %, le taux d'émission étant 95 %, ce qui en réalité équivalait à un intérêt effectif de 7.895 % ou 7.9 %. Le département d'État ne se rangea pas de cet avis ».

« De plus, la somme nette provenant de l'emprunt de 16 millions $, soit 15 039 945, 04, servit en grande partie à payer des créances américaines que le gouvernement haïtien ne fut pas admis à discuter, par exemple 2 160 856,90 $ versés à la National Railroad of Haïti comme intérêts arriérés des obligations de cette compagnie. Quand on sait, comme l'affirme le professeur H. Douglas, que ces obligations furent achetées sur le marché de Paris pour 800 000 $ par la National City Bank, on se rend compte, encore une fois, du profit extraordinaire (1 360 856,90) réalisé sur le dos du peuple haïtien par cet établissement dont le vice-président, M. Roger Farnham, était en même temps président de la Banque Nationale de République d'Haïti. Le professeur Douglas opinait que sans l'occupation de son territoire et la mainmise des É-U. sur ses finances, Haïti n'aurait jamais accepté pareille opération si évidemment injuste et inique. Le but de cet emprunt fut de transférer la dette haïtienne des mains françaises aux mains américaines, afin de justifier l'occupation militaire et civile d'Haïti, il entre dans la catégorie des emprunts dits politiques. »

« L'histoire impartiale reprochera à M. Lansing d'avoir commis une erreur, lorsqu'invoquant la prétendue banqueroute financière de la République d'Haïti pour justifier l'intervention des États-Unis, par leur désir de prévenir toute tentative d'une puissance étrangère d'obtenir un pied-à-terre sur le territoire d'une nation américaine. Le cas d'une saisie de l'administration de douanes par cette puissance ou la concession d'une station de charbon ou d'une base navale serait très certainement une menace à la paix de cet hémisphère et un défi à la doctrine de Monroe. »

Nord Alexis, dont le patriotisme ombrageux était connu, refusa toujours de contracter un emprunt étranger. Son opinion était claire : « Le pays n'a jamais profité de nos emprunts à l'étranger. De celui de 1875, pas un centime n'est entré dans les caisses de l'État. Il a été un véritable scandale. En 1896, cela a été la même chose. Le pays n'a pas profité des millions empruntés. Le but principal qui était le retrait du papier-monnaie n'a même pas été tenté. Le plus clair de l'opération fut d'enrichir à nos dépens des banquiers étrangers. » L'emprunt négocié et imposé par l'occupation américaine en 1916 ne fut pas différent des premiers.

M. Meigan[56] écrira « Le gouvernement d'Haïti, sans crédit, se livre aux usuriers qui lui font des avances à des taux usuriers inconnus en Europe et qui appauvrissent le pays en l'endettant tous les jours davantage. »

La Banque Nationale et la spéculation monétaire

Dès le mois d'octobre 1874, le gouvernement haïtien accordait par contrat notarié à M. Lazare, citoyen américain, une concession pour l'établissement de la Banque Nationale d'Haïti, au capital de 3 millions de dollars. Le gouvernement devait contribuer pour le tiers et le concessionnaire pour les deux tiers à la formation du capital. Le 15 octobre 1875, devant la perception que M. Lazare ne pourrait pas remplir ses obligations, le gouvernement déposa 500,00 piastres, la moitié de sa quote-part et somma par acte d'huissier à M. Lazare de remplir ses engagements. Au cours de l'échauffourée qui suivit la chute de Domingue, Septimus Rameau fut tué et les caisses d'argent de la banque que ce dernier tentait de transférer aux Cayes furent livrées au pillage. Ainsi s'acheva la première vraie tentative d'organiser une Banque Nationale.

En 1910, la conjoncture était telle que le gouvernement d'Antoine Simon dut résilier le contrat de la Banque Nationale d'Haïti au profit d'une nouvelle banque, La Banque Nationale de la République d'Haïti, propriété d'un consortium bancaire dirigé par la Banque de l'Union Parisienne. Cette dernière fut chargée de négocier en France un emprunt de 65 millions de fr qui permettrait au gouvernement haïtien de liquider la dette intérieure et d'effectuer, par le retrait du papier-monnaie, une réforme monétaire solide et durable. Le montant de l'emprunt se chiffra à 40 millions de francs. Cette opération ne fut pas beaucoup plus heureuse que les précédentes. Il s'avéra par la suite que cette banque eut une part non négligeable dans les causes des malheurs financiers du pays. Elle fut l'objet de plusieurs scandales et de malversations financières.

---

[56] *Ibidem.*

L'affaire de mandats et de doubles emplois[57]

Au cours des journées révolutionnaires des 22 et 23 septembre 1883, un incendie avait entièrement détruit le bâtiment du ministère des Finances. À la suite de cet évènement, qui avait entrainé la disparition des archives et de la comptabilité de ce ministère, des mandats déjà acquittés furent remis en circulation, négociés dans le commerce et présentés aux guichets de la banque qui les paya à nouveau. Découverte de manière inattendue grâce à des notes personnelles, qu'en dehors de la comptabilité de l'administration tenait par-devers lui un employé du ministère des Finances, la fraude put être arrêtée avant d'avoir atteint un grand développement.

Une enquête menée à la banque par une commission administrative, l'instruction judiciaire ensuite établirent que les mandats irréguliers provenaient des archives de la banque où ils avaient été volés et constituaient en même temps une grave négligence de la part de l'institution qui avait omis d'annuler des mandats immédiatement après paiement. Les pièces dérobées représentaient une valeur de 294 058,21 gourdes et, de ce montant, 14 953,40 gourdes avaient été payées une deuxième fois par la banque et portées au débit du compte courant du gouvernement. Après un procès mouvementé le tribunal criminel de Port-au-Prince condamnait comme coupable de ces vols, le chef de comptabilité de la banque, lui infligeant par contumace une peine de trois années de réclusion. Tandis que se poursuivait l'enquête relative à l'affaire des mandats, un coup de théâtre se produisit. Le principal inculpé, renvoyé de la banque, accusait à son tour la direction d'avoir délibérément majoré les dettes du gouvernement en faisant passer dans ses livres des écritures frauduleuses. Une commission d'enquête formée à la requête de la banque procéda à l'examen des trente-trois livres de l'institution, et constata effectivement l'existence de doubles emplois, qui augmentaient indûment de 30 448,44 gourdes la dette de l'État envers la banque, mais concluait qu'il s'agissait en l'occurrence d'erreurs

[57] Joseph Chatelain, *La banque nationale*, *ibidem*, p.65.

involontaires. La banque restitua ces valeurs ainsi que le montant des mandats payés une deuxième fois.

Le scandale de la Consolidation[58]

Mise en contexte

Se trouvant dans l'impossibilité de rémunérer ses fonctionnaires, l'État haïtien contractait des dettes auprès des créanciers nationaux vers la fin du XIXe siècle. L'ancien chef d'État Tirésias Simon Sam voulait consolider les dettes publiques et les transformer en obligations, pour donner suite à la publication d'un projet de loi adopté par le Parlement haïtien le 26 avril et le 20 août 1900. Il était prévu « d'échanger des titres des emprunts locaux contre des consolidés bleus à 12 % d'intérêt ; des bons à échéance fixe contre des consolidés roses à 6 % d'intérêt ; de libérer les droits d'importation et ceux d'exportation à 50 centimes, sur le café, le cacao et le campêche. Le taux de conversion était fixé à 100 dollars contre 166,66 gourdes ».

En 1903, le président Nord Alexis est arrivé au pouvoir dans un contexte politique fragilisé par la guerre civile impliquant Tirésias Simon Sam et le chef d'État provisoire Boisrond Canal. Au cours de cette période, on avait suspendu le paiement des bons consolidés. Après l'élection du président Alexis, le service de consolidation a été repris. Le citoyen Thimoclès Lafontant, nommé commissaire spécial du gouvernement auprès de la Banque Nationale d'Haïti, fut chargé de superviser les transactions.

Les faits

Sous le titre « Questions à qui de droit » sous la signature de Alexandre Lilavois, ancien chef de division du département des finances, le quotidien *Le Nouvelliste* commençait la publication d'une série d'articles dans lesquels des doutes les plus sérieux étaient exprimés au sujet de la régularité des opérations de consolidation de la dette extérieure. Ces opérations devaient être

---

[58] Joseph Chatelain, *ibidem*.

effectuées par la Banque Nationale. Les soupçons soulevés par les articles du *Nouvelliste* se confirmèrent lorsqu'une tentative de fraude réalisée à l'occasion de l'échange des titres put être déjouée.

Le 20 mars 1903, lors de l'acquittement des bons en faveur d'Auguste Arendt (un commerçant allemand très influent), le commissaire du gouvernement a pu soulever certaines irrégularités. Les pièces fournies n'étaient pas authentiques. La somme exigée avait été déjà remboursée dans le passé et les véritables propriétaires des bons étaient décédés.

Le délinquant avoua qu'il renouvelait une opération déjà exécutée à diverses reprises et avec succès. Le président Nord Alexis ordonna par arrêté la formation d'une commission d'enquête chargée des investigations sur l'ensemble des opérations de consolidation. Elle était présidée par Alexandre Lilavois qui avait une grande expérience dans ce domaine. Les députés Ducasse Pierre Louis de Port-au-Prince, Fleury Féquière de Petit-Trou de Nippes et le sénateur Alexandre Dupiton faisaient partie également de cette commission.

Les enquêteurs ont rédigé trois rapports entre mai et décembre 1903. Selon les conclusions de ces rapports, les détournements auraient atteint une valeur approximative de 2 millions de dollars, chiffre considérable, compte tenu de l'importance des revenus annuels de l'État qui, à l'époque, se situaient entre 4 et 5 millions de dollars. Le rapport[59] énuméra la nature des violations « des créances qui devaient être consolidées en bons d'un taux donné l'ont été à des taux supérieurs ; des majorations ont été indument effectuées ; des bons consolidés ont été émis sans autorisation légale préalable ; des mandats de paiement contre bons, feuilles d'appointements ont été, pour des chiffres vraiment fantastiques, ou payés en espèces, ou admis à la consolidation ». En conséquence, au vu de l'étalage de telles malversations, la commission demanda au président « de prendre une décision immédiate : appeler en justice le dernier président, le général Sam, les membres de son cabinet et la Banque Nationale de la République d'Haïti ». Dans son Rapport No 2, signé le 25 août

---

[59] Source Internet.

1903, elle précisera le montant des dilapidations : 270 000 dollars, frauduleusement partagés entre 11 bénéficiaires dont elle publia les noms [60]:

- Banque Nationale d'Haïti : 30 000 (300 obligations) ; • J. de la Myre, directeur de la Banque : 38 000 (308 obligations) ; G.Olrich, sous-directeur : 38 000 (308 obligations) ; • Poute de Puybaudet, employé : 6 000 (60 obligations) ; • R. Tippenhauer, chef de service : 5 000 (50 obligations) ; • A. Painson, employé 1 500 (15 obligations) ; • Président Tirésias Sam : 20 000 (200 obligations) ;
- Ministre Pourcely Faine : 95 000 (950 obligations) ; • Ministre Brutus Saint-Victor : 10 000 (100 obligations) ; • Ministre Vilbrun Guillaume Sam : 10 000 (100 obligations) • Keitel et Co, banquiers : 20 000 (200 obligations).

Une instruction judiciaire qui dura 15 mois se terminait par la condamnation des 10 accusés au nombre desquels le directeur de la banque, français, le sous-directeur, allemand, le chef du portefeuille, allemand, le chef du service des succursales et agences, français. La même peine fut infligée à ces quatre condamnés, 4 années de travaux forcés. Les six autres accusés étaient haïtiens dont trois futurs présidents : Vilbrun Guillaume Sam, Tancrède Auguste et Cincinatus Leconte.

Le procès se déroula sous haute tension diplomatique avec des navires de guerre français et allemands dans la rade de Port-au-Prince pour faire plier le gouvernement haïtien. Les observateurs français conclurent cependant que le procès s'était déroulé selon les normes et que les inculpés avaient commis des actions peu défendables.

> « Les relations de la banque[61] avec le commerce et le public seront toujours des plus restreintes. Les avances que l'institution consentait à court terme ne dépasseront jamais 70 à 80 %, allaient au gouvernement. Le montant à l'activité économique privée oscillait entre 200 et 400.000 gourdes

---

[60] Source Internet.

[61] Joseph Chatelain, *ibidem*. p. 69.

s'avéraient de toutes évidences insuffisantes pour provoquer l'essor économique attendu et amener la baisse sensible du taux de l'intérêt. Évoquer les sentiments même malveillants des propriétaires de la banque vis-à-vis de notre pays n'expliquerait nullement cette abstention. La banque pouvait se procurer des capitaux en Europe à 4 %, 5 % et les placements en Haïti qui étaient de 12 %, 15 % offraient des perspectives de rentabilité exceptionnelles. Il n'est pas de crédit sans risques et pas de risques sans garantie ».

Pourtant, l'institution ne réalisait pas moins d'année en année de substantiels profits qui étaient transférés à ses actionnaires étrangers. Les bénéfices déclarés provenaient non d'un accroissement des richesses haïtiennes que le financement de la banque aurait contribué à créer, mais de prélèvements effectués sur le revenu courant haïtien. Orientée dans cette direction, l'activité de la banque constituait un facteur d'appauvrissement collectif. La prospérité de l'institution obtenue dans ces conditions représentait une calamité pour l'économie haïtienne. »

> « Jusqu'à l'installation[62] de la Banque Nationale, explique Chatelain, les plus gros détenteurs de devises en Haïti avaient été un petit groupe d'hommes d'affaires étrangers, allemands en majorité, exportateurs/ importateurs constituant ce que l'on appelait le '' haut commerce.'' Groupés à certaines époques en syndicat financier, mais agissant toujours de concert, ils se trouvaient par la seule importance de leurs offres ou de leurs demandes en mesure de modifier à volonté l'équilibre du marché, d'imprimer par leur intervention ou leur abstention à l'évolution des cours les tendances conformes à leurs intérêts. Par l'accaparement et le stockage des traites, en faisant alterner suivant les circonstances l'abondance ou la rareté sur le marché, le haut commerce détenait pratiquement la maîtrise du change. C'était là une position privilégiée, puisque la spéculation se réalisait pratiquement sans risque, que les gains spéculatifs n'avaient souvent pour limite que la seule modération de ces

---

[62] *Ibidem,* p. 46-49.

hommes d'affaires. C'était une arme politique efficace dans la conduite des négociations avec les pouvoirs publics ou dans la lutte avec les gouvernements hostiles, notamment ceux de Florvil Hyppolite et de Nord Alexis. Le système de conversion du papier-monnaie en devise étrangères était le plus facile moyen d'enrichissement. »

L. J. Marcelin[63] explique en détail les mécanismes et les conséquences désastreuses qui provenaient des émissions de papier-monnaie utilisé par les différents gouvernements pour faire face à leurs obligations financières urgentes.

« L'énorme pierre d'achoppement contre laquelle se heurtent sans cesse nos gros commerçants est ce stock de billets, véritables papiers- monnaie. N'ayant pour toute garantie que les prélèvements variables, instables, faits sur les marchandises exportées du pays et importées de l'étranger. Une telle situation, chaque fois qu'elle existe, enlève à nos gouvernements toute liberté d'action dans leurs opérations financières. Ainsi, songent-ils à tout instant au retrait de ce papier de la circulation ».

« Mais le papier cessant de circuler, que mettre à sa place ? De l'argent monnayé ? On en a fait venir de l'étranger au moyen d'un emprunt à des taux qui ne manquaient pas d'être ruineux. Or, voici le résultat auquel on aboutissait par ce procédé. Le numéraire, quel qu'élevé qu'il fût, qu'on mettait en circulation à la place du papier ne tardait pas à disparaître. En effet, le commerce étranger attiré par cet or subitement apporté dans le pays forçait ses importations et, ne trouvant pas assez de café pour payer ces importations, surtout dans les mauvaises récoltes, les payait en or et exportait l'or. Au bout de peu de temps, il n'en restait plus (naturellement la mauvaise monnaie chassait la bonne). Il fallait alors revenir au papier-monnaie sans avoir pu acquitter le lourd emprunt qu'on avait ainsi contracté au profit de quelques personnes. Le résultat final était de

---

[63] L. J. Marcelin, *Haïti et ses guerres civiles, leurs causes et leurs conséquences*, Paris, Arthur Rousseau Éditeur, p. 84-85.

produire sous peu la cessation de tout commerce, l'impossibilité pour le peuple de se procurer le nécessaire, l'impossibilité pour la république de faire face à ses engagements et même au traitement intégral de ses fonctionnaires ; ce qui signifiait qu'un retrait total du papier-monnaie, opéré dans des conditions si insensées, jetait à bref délai ce pauvre pays dans une situation sociale des plus dangereuses et exposait la société aux calamités des plus tragiques. La misère des familles atteignait son comble et des faillites se succédaient avec rapidité... »

« Disposant de fortes réserves liquides, tant en monnaie nationale qu'en or et en devises, la Banque Nationale pouvait freiner considérablement la spéculation sur le change, en adoptant dans ses opérations de change un prix fixe qu'elle maintiendrait tant que ne se manifesteraient pas de profonds et réels déséquilibres dans notre balance de paiements internationaux. La banque choisit de spéculer à l'instar du haut commerce, de jouer elle aussi un jeu dans lequel elle disposait de puissants atouts. De plus, par l'orientation donnée à son crédit commercial, elle renforçait la puissance financière du haut commerce, seul bénéficiaire de ses avances en compte courant ».

Paul Vibert[64] écrit « que la banque se chargeait du service de trésor contre une commission extraordinairement élevée et qu'elle n'accordait rien en retour malgré les promesses de la première heure. En effet, si l'on songe que cet établissement de crédit ne possède qu'un capital de 5 millions, qu'il encaisse du fait de ses commissions sur le budget de l'État 1 500 000 francs par an, sans compter une somme au moins égale que lui rapportent ses participations dans les agiotages des spéculateurs de la place, on voit que l'affaire en elle-même est de nature à satisfaire les plus difficiles exigences de ses bailleurs de fonds. »

« La débâcle financière s'accéléra. Haïti, nous dit Viffort Beauvoir, s'était trouvée en 1915 à bout de ressources et aux

[64] Paul Vibert, *La république d'Haïti, son présent, son avenir économique*, Berger-Levrault et Cie Éditeurs, Paris 5, rue des Beaux-Arts.

prises avec une situation économique d'une exceptionnelle gravité... à cette époque, un redressement financier à l'aide des seules forces internes du pays était-il possible ? »

Il nous est tombé sous la main un fascicule intitulé « Le scandale du papier-monnaie de la Banque Nationale de la République d'Haïti » signé de Georges Séjourné[65]. Il y expose sa plainte au criminel déposée le 21 juillet 1931 contre la Banque en la personne de son directeur M. Worrhis, de M. Williams, le sous-directeur et de M. McDonald, le chef de la comptabilité. La banque y est accusée, avec pièces à l'appui, de publication « d'un faux bilan en vue de tromper le public et d'en tirer un bénéfice illicite au détriment de la fortune publique et privée ».

M. Séjourné donne un extrait de ce discours du président Vincent prononcé aux Cayes : Il n'y a pas très longtemps nous faisions un sondage auprès de la Banque Nationale de la République d'Haïti pour une opération presque insignifiante. Cette banque est la trésorerie de l'État. Elle jouit d'un privilège exclusif d'émission de billets. La nature d'un tel privilège et les avantages considérables qu'elle en tire devraient en faire, comme dans tous les pays du monde, une banque de secours pour le gouvernement aux heures de calamités et de détresses publiques. Mais elle regarde souffrir et peut-être s'épuiser ce peuple avec tranquillité. Nous lui demandions un prêt de 800 000 $ contre une garantie de 2 000,000 $ en titres série B. Elle n'a pas estimé la garantie suffisante dans l'état actuel des affaires et elle s'y est refusée. »

M. Séjourné relate dans le mémoire que l'année précédente (1930), une maison syrienne « entrainait la Banque Nationale de la République d'Haïti dans sa faillite pour environ 400 000 $ que la banque lui avait avancée sans garantie ».

Il dénonce ainsi « la Banque Nationale de la République d'Haïti, grâce à une scandaleuse inflation, en violation des lois de concession de cette institution... et cette inondation de papier-monnaie assimilable à de la fausse monnaie que la BNRH fait à son profit exclusif ».

---

[65] Georges Séjourné, *Le scandale du papier-monnaie de la Banque Nationale de la République d'Haïti*, Imprimeur Valcin, 1933.

Cette plainte reçut un veto du commissaire du gouvernement et le procès n'a pas eu lieu. Il eût été intéressant d'entendre le plaidoyer de M. Séjourné et de consulter les pièces qui exposent la culpabilité de la banque. Peut-être que S. Vincent n'a pas eu le courage de Nord Alexis.

L'État haïtien a encore été bafoué par une banque contrôlée par des intérêts étrangers.

Les actes de piraterie et les réclamations étrangères

En plus des transactions financières où Haïti se faisait continuellement bafouer, nous allons aborder un autre aspect de ses relations internationales caractérisées par de nombreux actes abusifs de pirateries directes, le plus souvent suivis d'extorsion d'argent, perpétrés de façon périodique par les puissances étrangères.

« N'est-il rien de plus intéressant, je dirais même de plus poignant que les efforts persévérants de cette poignée de descendants des tribus de l'Afrique pour prendre place au banquet de la civilisation sans aucune aide, aucun encouragement de leurs devanciers, bafoués, au contraire, ridiculisés, repoussés même par la violence[66] ».

Le 5 novembre 1842,[67] deux bateaux marchands espagnols en provenance de Santander et se rendant à Cuba furent capturés non loin de l'île de la Tortue par la corvette haïtienne « La Pacification » de l'enseigne de vaisseau Claudio Michel. Persuadé qu'ils étaient chargés de contrebande, Claudio Michel les arraisonna, mit une garnison à leur bord, ramena le pavillon espagnol et hissa à sa place celui d'Haïti. Le gouverneur de Cuba expédia en Haïti la corvette à vapeur Congresso, commandée par Don José de Pointilla, avec mission de demander réparation du gouvernement haïtien et de réclamer une indemnité de 14 000 piastres. Il estima que le gouvernement haïtien ne devait pas se refuser à les accorder et qu'il apprécierait de recevoir une

[66] Hannibal Price, dans Jacques Barros, *ibidem, op cit,* p. 159.
[67] Dantès Bellegarde, *Histoire du peuple haïtien*, ibidem, *op cit*, p. 150.

réponse définitive le lendemain 16 décembre à midi. Entre-temps, deux goélettes haïtiennes « Amitiés » et « Jeanine » étaient capturées par la frégate espagnole Isabelle II, à titre de représailles et amenées à Santiago. À la suite d'une conférence entre les officiers espagnols et une commission haïtienne, les demandes furent agréées comme justes et valables. En conséquence, le pavillon espagnol fut hissé au mât de la « Pacification » tandis que le fort Alexandre tirait une salve de 21 coups de canon. L'indemnité fixée à 1900 piastres fut payées par le Trésor public.

En janvier 1871[68], un petit bateau le « Hornet, » battant pavillon américain arriva à Port-au-Prince poursuivi par deux navires espagnols. Le Hornet était accusé d'être un navire-pirate qui transportait des munitions pour des insurgés cubains ; en conséquence, les Espagnols en réclamèrent la possession. Les États-Unis immédiatement s'interposèrent en déclarant que le Hornet était bel et bien un navire américain et Haïti refusa de livrer le bateau, malgré la présence du bateau de guerre espagnol et les menaces du consul qui adressa un ultimatum de 24 heures au Secrétaire d'État haïtien le 5 octobre 1871. La tension était à son paroxysme quand arriva à Port-au-Prince un navire de guerre américain, le Congrès, pour escorter le Hornet quitta sans coup férir Haïti vers les États-Unis en janvier 1872.

En juin 1872,[69] Haïti essuya une grave offense de l'Allemagne. Deux commerçants allemands, Dickman et Stapenhorst, prétendaient, le premier, d'avoir été pillé à Miragoâne, le second, d'avoir subi des dommages au Cap-Haïtien, lors du bombardement du Bull Dog en 1865. Deux frégates allemandes, Vineta et Grazzela, mouillèrent le 11 juin en rade de Port-au-Prince. Deux heures après leur arrivée, le capitaine Bash exigea le paiement immédiat de 3000 livres sterling, puis, sans même attendre la réponse du gouvernement, s'empara de deux navires de guerre haïtiens paisiblement à l'ancre. « Si à cinq heures ce soir, ladite somme n'est pas déposée à mon bord, je prendrai contre vous telles mesures répressives qu'il me plaira. » Indignée, mais convaincue

---

[68] J. N. Léger, *Haiti her history and her detractors*, Negro University Press, West-Port Connecticut, 1970, p. 219.
[69] Dantès Bellegarde, *Histoire du peuple haïtien*, ibidem, *op cit,* p. 179.

de son impuissance, Haïti paya. Bash rendit sa proie et partit. Sur le pont du navire haïtien, on trouva le drapeau national largement souillé. Cet acte inspira ces vers à Oswald Durand :

> « Nous jetâmes l'argent, le front haut, l'âme fière ainsi qu'on jette un os aux chiens ».

Ces vers, éloquente et impertinente réponse de la fierté haïtienne, ne furent qu'une mince consolation pour l'humiliation et la perte précieuse de 3000 £. On a cru généralement que cette action odieuse avait été ordonnée par Bismarck pour punir les Haïtiens qui, pendant la guerre franco-allemande, avaient manifesté trop vivement leurs sympathies pour la France.

Le 14 décembre 1879,[70] José Maria Autan arriva avec le bateau de guerre espagnol Jorge Juan et fit parvenir un ultimatum de soixante-douze heures au secrétaire d'État des Relations extérieures. Dans son ultimatum, le capitaine Autran se plaignait de l'insulte faite à son pays par la condamnation imposée à son compatriote José Santini. D'un autre côté, il demandait que la condamnation du citoyen espagnol, mais d'origine cubaine, Manuel Fernandez, soit exécutée. Dans les deux cas, les condamnations ayant été rejetées par la Cour de cassation, Santini et Fernandez étaient sur le point d'être relaxés.

Cependant, le capitaine Autran faisait une distinction entre les deux inculpés, l'Espagnol d'origine et le Cubain d'origine et voulait qu'Haïti soit complice de son dessein de discrimination. De plus, le capitaine Autran réclamait l'arrestation des manifestants qui avaient crié *vive Cuba et à bas l'Espagne* la veille, aux alentours de l'ambassade espagnole, et aussi de ceux qu'il prétendait avait insulté le drapeau espagnol.

L'Espagne ne perdait aucune opportunité pour humilier Haïti. La sentence infligée par la justice haïtienne à Santini n'était qu'un prétexte pour cet acte d'agression inqualifiable. Cette fois, l'occasion fut la sympathie toute naturelle manifestée pour les Cubains par Haïti qui accueillait les infortunés réfugiés obligés de fuir pour leur sécurité pendant leur guerre d'indépendance. Haïti

---

[70] J. N. Léger, *Haiti, her history and her detractors*, Negro University Press, 1970, p. 129.

refusa de céder aux pressions de l'Espagne. Le corps diplomatique, cette fois, offrit ses bons offices et le différend se dénoua à la satisfaction des parties. Le capitaine Autran accepta un échange de salut entre le bateau espagnol le José Juan et le navire de guerre haïtienne le *1804*.

Il semble qu'il y avait un accord des nations européennes pour embarrasser le gouvernement de Boisrond Canal, dit J.N. Léger.[71]

> « La Grande-Bretagne présenta une demande de 682 000 $ au nom de Mme. Maunder. Mme Maunder était une Haïtienne de naissance qui avait obtenu la concession de l'île de la Tortue pour son exploitation. De 1870 à 1875, elle n'avait pas payé de loyer. Le gouvernement haïtien saisit ses avoirs de l'île et essaya d'obtenir du tribunal l'annulation du contrat, ce qui était une procédure normale dans pareil cas. Mme Maunder prétendait avoir subi de grandes pertes, alors que le gouvernement haïtien, qui ne réclamait que son loyer, était quand même disposé à recourir à l'arbitrage. La Grande- Bretagne considéra qu'une grave offense avait été faite à un de ses sujets, passa aux menaces pour essayer d'extorquer une indemnité au nom de Mme Maunder. En mars 1887, le navire de guerre le Canada se présenta en rade de Port-au-Prince et son commandant demanda le paiement immédiat de 154 200 $ que le gouvernement haïtien accepta de payer pour éviter des complications. »

En 1888, un citoyen américain, Van Bokklen,[72] marié à une Haïtienne, devenu insolvable à la suite de plusieurs transactions financières, est emprisonné selon la loi haïtienne, à la suite de poursuites judiciaires intentées par des créanciers haïtiens et étrangers. Considérant son arrestation illégale, il fit appel au tribunal de Cassation qui confirma le jugement. Cependant le département américain, qui intervint à sa demande, finit par obtenir en plus de sa libération une réparation financière de 60

---

[71] *Ibidem* p. 230.

[72] Yves Auguste, *L'affaire Charles Van Bokkelen,* Revue de la société haïtienne d'histoire et de géographie, vol. 41, N°.140.

000 $ qui furent acquittés en versements de 5.000 $ chacun avec 5 % d'intérêt (négocié par A. Firmin).

En avril 1891,[73] l'amiral américain Bancroft Gherardi arriva à Port-au-Prince avec une puissante escadre et présenta au gouvernement une note demandant la cession du Môle St- Nicolas, en vue de l'établissement d'une base navale pour l'usage de la marine de guerre des États-Unis. Cette demande, jugée dangereuse pour l'indépendance d'Haïti, fut refusée grâce à l'habilité de A. Firmin qui trouva chez le ministre américain Frederick Douglas un esprit de compréhension et de bienveillance (Firmin avait utilisé l'ensemble du corps diplomatique haïtien de façon très astucieuse pour tester les vraies intentions des États-Unis avant de prendre sa décision de refuser leur demande).

« Émile Luders,[74] un sujet allemand de descendance haïtienne, avait été jugé et condamné par la justice de paix pour des violences exercées sur la personne d'un gendarme. Le jugement fut, sur appel, confirmé par le tribunal correctionnel. Le condamné avait la voie d'un recours en cassation si cette nouvelle sentence ne lui paraissait pas conforme à la loi. Il préféra faire intervenir le chargé d'affaires allemand, le comte Schwerin, qui par ses procédés discourtois froissa la légitime susceptibilité du gouvernement haïtien. Dans la matinée du 6 décembre 1897, deux navires écoles de la marine de guerre allemande, le Charlotte et le Stein, entrèrent dans la rade de Port-au-Prince. Le commandant en chef, le capitaine Thiele, lança immédiatement un ultimatum au gouvernement réclamant une indemnité de vingt mille dollars (20.000 $), une lettre d'excuse à l'empereur d'Allemagne et un salut au drapeau allemand de vingt et un coups de canon. Devant le silence plus que prudent dont sa protestation fut accueillie par les légations de France, d'Angleterre et des États-Unis, seul le consul d'Espagne Martinez de Tudela avait opiné pour la résistance, le gouvernement céda, obéissant aussi à des préoccupations égoïstes de politique intérieure.

---

[73] Dantès Bellegarde, *Histoire du peuple haïtien, ibidem, op cit,*

[74] J.N. Léger, *Haiti, her history... ibidem, op cit,* p. 228- 229.

Le drapeau blanc fut hissé sur le mât du palais présidentiel. À cette occasion, le diplomate américain M. William Powell, homme de couleur comme Frédérick Douglas, fit preuve à l'égard d'Haïti de la plus ardente sympathie. Il eut le courage d'adresser au secrétaire d'État américain Sherman une protestation indignée, dont voici quelques passages : « Les Haïtiens s'attendaient aussi bien que les représentants des autres puissances à une confirmation vigoureuse de la doctrine de Monroe. C'est la première fois de ma vie que j'ai eu l'occasion d'avoir honte d'être un citoyen américain. » (This is the first time in my life, I have ever had cause to be ashamed of being an American.)

Après la chute du président Domingue, la mort de Septimus Rameau et le pillage des 500 000 $ dollars, quote-part du gouvernement pour la formation d'une Banque Nationale, le projet tomba à l'eau. M. Lazare avait antérieurement reçu une compensation de 10.000 $ du gouvernement d'Haïti pour couvrir ses dépenses. Il fut même nommé consul haïtien à New York et son contrat fut résilié. Dès la chute de Domingue cependant, le consul américain de Port-au-Prince présenta en son nom une demande d'indemnité de 500 000 $, sous prétexte que son contrat avait été arbitrairement résilié.

Antonio Pelletier, Français d'origine, naturalisé américain en 1852, était un trafiquant d'esclaves connu. En avril 1859, son bateau les Ardennes avait été capturé à l'embouchure du fleuve Congo par Thomas W. Brent, capitaine du navire Le Marion, battant pavillon américain. Il arriva à Port-au-Prince en janvier 1861 avec un bateau battant pavillon américain. Un membre de son équipage informa les autorités haïtiennes que Le William était un bateau négrier qui avait l'intention de capturer 150 personnes des côtes d'Haïti pour les vendre à Cuba. Quelques jours auparavant, il avait essayé d'engager 50 hommes et femmes sous prétexte d'aller à la Navase prendre un chargement de guano. La police haïtienne, après une perquisition sur le bateau Le William, trouva assez de matériels pour conclure qu'il s'agissait d'un bateau négrier, et pour le faire escorter en dehors des eaux haïtiennes par le Geffrard. Cependant sitôt hors de vue, Le William changea de trajectoire, revint vers les côtes haïtiennes et entra le 1er mars 1861 dans le port de Fort-Liberté, cette fois arborant le drapeau français, sous le nom de Guillaume Tell. Pelletier lui-même avait changé de nom et s'appelait Jules Letellier. Il invita les autorités de Port-au-Prince sur le bateau. Inquiet et alarmé par l'audace de son capitaine, un de ses matelots nommés Miranda déserta et dénonça Pelletier aux autorités haïtiennes. Le bateau fut saisi et Pelletier jugé par un tribunal criminel. Il fut d'abord condamné à mort par un tribunal de Port-au-Prince : ce jugement fut renversé par un tribunal du Cap qui condamna Pelletier à cinq ans d'emprisonnement. En 1863, Pelletier était encore en prison quand il tomba malade et fut transféré à l'hôpital où il en profita pour s'évader et fuir à la Jamaïque. L'action du gouvernement haïtien avait reçu l'accord de tous les représentants diplomatiques accrédités. M. Lewis, agent commercial des États-Unis au Cap-Haïtien, personnellement demandait que Pelletier ne fût pas remis en liberté, il écrivit : « Je ne doute nullement que l'intention de Pelletier était de séduire des Haïtiens à bord de son navire pour aller les vendre ensuite comme esclaves ailleurs. S'il s'était échappé de Fort-Liberté. J'étais prêt à écrire aux consuls de St-Thomas et de La Havane pour leur demander de le faire arrêter par un bateau de guerre américain. » Néanmoins, huit ans plus tard, en février 1879, M. Langston, alors ministre américain accrédité à Port-au-Prince, réclama du gouvernement haïtien au nom de M. Pelletier la somme de 2 466 488 $

Pour mettre un terme aux discussions, le gouvernement haïtien accepta de soumettre les deux causes, Lazare et Pelletier, en arbitrage, selon un protocole signé le 2 mai 1884 par M. Preston, ministre d'Haïti, et M. Frelinghuysen, secrétaire d'État américain.

M. Strong, juge à la Cour suprême des États-Unis, fut nommé seul arbitre des deux causes. La sentence qu'il rendit le 1er novembre 1875 fut étonnante. Haïti fut condamnée à payer 1 17 500 $ à Lazare et 57 000 $ à Pelletier. Les protestations haïtiennes n'eurent à ce moment aucun effet. Il faudra attendre novembre 1885. M. Steward, secrétaire d'État américain, refusera d'agir au nom de Pelletier. Il se rallia à la décision de M. Gorham Eustis Hubbard, qui était agent commercial des États-Unis au Cap-Haïtien en 1861, au moment de l'arrestation de Pelletier.

À partir de la seconde moitié du XIXe siècle, le pays vit une période de bouleversements politiques. Il y eut une succession de chefs d'État éphémères qui empruntaient sur place à des taux élevés pour combattre, sans succès, les hordes révolutionnaires.

Des étrangers peu scrupuleux profitaient de l'état déplorable du pays pour produire, par l'intermédiaire de leur légation, des réclamations pécuniaires souvent injustes. D'aucuns déclaraient avoir été brimés par les autorités haïtiennes, d'autres soutenaient que leur maison, leurs biens avaient été saccagés par les troupes révolutionnaires, dans l'espoir d'obtenir de notre gouvernement d'énormes indemnités. Cette pratique devint une source féconde de revenus pour des hommes d'affaires étrangers. Le pays était littéralement rançonné par certaines puissances de l'Europe qui, fort souvent pour appuyer les réclamations de leurs ressortissants, envoyèrent dans nos eaux leurs navires de guerre. C'était le paiement immédiat, sans condition et avec excuses. Édouard Pinckombe[75] la décrit comme « une pratique qui consiste à faire adroitement brûler ou piller sa propriété pour se faire payer vingt fois sa valeur par notre gouvernement faiblissant sous la menace d'un consul et de ses bouches à feu. »

L'attribution de ces indemnités état source de gros scandales dit J. N. Léger,[76] bien qu'il ait été reconnu que « l'étranger qui, de son plein gré, venait fixer sa résidence dans le pays, n'a pas le droit de prétendre être placé dans une condition meilleure que le sujet indigène lui-même, dans le cas de force majeure que les autorités auraient été dans l'impuissance de prévenir ou d'empêcher ». Chaque fois cependant, l'isolement diplomatique, la faiblesse d'Haïti ont été exploités et le pays s'appauvrissait encore davantage.

À la chute de Salnave, le total des réclamations venant de citoyens américains se chiffrait 531 069,55 $. Antoine Michel[77]

[75] J.N. Léger, *Haiti, her history...ibidem, op. cit*, 228-229.

[76] Cité dans Benoit Joachim, *Les racines du sous-développement en Haïti*, Henri Deschamps, 1979, p. 154.

[77] Antoine Michel, *Les réclamations anglaises, françaises et américaines dans la quatorzième législature,* Imprimerie La Presse, Haïti, 1932, p. 126.

fait une longue relation des délibérations nationales au sujet de ces réclamations dont il écrit que la liste était incomplète. Il mentionne le manque de sincérité du gouvernement qui, tout en arguant que par sa seule volonté il ne pouvait reconnaître certaines créances écartées par la loi, en payait d'autres de la même catégorie. Il énumère neuf réclamations américaines réduites au montant de 17 853,65 P, trente-six anglaises totalisant 43 580,60 P, quarante françaises de 53 338,90 P, pour un grand total de 114 743, 14 P.

D'après Montague,[78] tous les consuls américains eurent à présenter au gouvernement haïtien un certain nombre de réclamations au nom de leurs ressortissants. Langston en eut 38, Thompson 35, Douglas 5, Durham 8, Smythe 10, Powel 29. Le total des réclamations qui s'élevait à 3 millions de dollars était réduit cependant de 40 %. La France présenta des réclamations totalisantes 2 51 275,00 $, l'Angleterre 217 755,00 $, l'Allemagne 15.000,00 $; cette dernière réclamation provoqua la démonstration navale de l'amiral Basch.

Robert I. Rotberg[79] écrit qu'entre 1870 et 1900, les bateaux de la marine de guerre américaine ont visité en huit occasions les ports haïtiens pour protéger les ressortissants américains et onze fois entre 1900 et 1915, quand l'instabilité politique d'Haïti devenait de plus en plus problématique.

Le gouvernement de Salomon, comme ses prédécesseurs, a eu à faire face aussi à des demandes d'indemnités. Il ne montra pas de réticences à payer les réclamations de Salnave que Boisrond Canal refusait. Il paya six réclamations américaines totalisant 100 000,00 $ pour dommages corporels et à la propriété durant la rébellion de 1883, en plus des réclamations anglaises qui furent- ce- pendant réduites de 70 %, les réclamations françaises de 61 %, les réclamations allemandes de 58 %[80]. Après le pillage de Port-au-Prince en 1883, sous Salomon, Haïti dut payer 3 millions de

---

[78] Ludwell Lee Montague, *Haiti and the United States,* Duke University Press, 1940, p. 111-128.

[79] Robert I. Rotberg, *The politique of squalor,* Houghton Mifflin, 1971, p.110.

[80] Ludwell Lee Montague, *ibidem*, p. 111-128.

dédommagements en trois ans, sur un budget de 7 millions.[81] La révolution de 1911[82] a coûté au pays 253 738,13 et 238 153,58 gourdes. En 1925, le gouvernement haïtien et l'occupant américain se trouvèrent en présence de réclamations totalisant 72 417 383, 20 gourdes. La commission mixte qui fut chargée de les examiner en rejeta 96,89 %.[83] « Ce qui prouve sur quelle base extravagante les réclamants avaient produit leurs créances et ne manquaient pas de scrupule. » Il est évident que, les pressions diplomatiques musclées et les démonstrations navales ne pouvaient désormais plus jouer, le faible État haïtien, sans défense, était cette fois protégé, en quelque sorte, par l'occupant américain.

Il est très difficile, sinon impossible, de faire un inventaire exhaustif des réclamations étrangères payées et des emprunts intérieurs contractés par les différents gouvernements, les informations sont partielles et éparpillées. Trop souvent ces transactions se faisaient sur une base personnelle non officielle. Benoit Joachim[84] cite Linstant de Pradines qui mentionne le cas d'une maison « qui venait chaque heure du jour en aide au Trésor obéré, par des prêts de la main à la main, moyennant, il est vrais, certains avantages qui rendaient très fructueuses ses opérations, qu'en termes d'argot commercial, on appelait les petites broches ».

L. J. Marcelin[85] raconte le cas de M. Mosell, missionnaire protestant, qui réclamait la somme modique de 60 000 fr. pour avoir été insulté avec sa femme à la suite de l'incendie et du pillage de Port-au-Prince en 1883. La commission mixte des indemnités se contenta de lui en allouer 2 500 P Antoine Pierre Paul[86] signale

« Un Allemand habitant Port-au-Prince, qui en plusieurs occasions nous a menacé de l'intervention de son gouvernement et

---

[81] Robert I. Rotberg, ibidem, p. 110.
[82] Ludwell Lee Montague, ibidem, p. 124,
[83] J. Barros, i*bidem*, p. 222.
[84] Cité dans Benoit Joachim, *Les racines du sous-développement en Haïti*, Henri Deschamps, 1979, p. 154.
[85] L. J. Marcelin*, ibidem, op cit,* p. 343.
[86] Benoit Joachim, *ibidem, op cit,* p. 150-155.

qui touchait des intérêts sur 700 000 $ de consolidés et un autre en avait 400 000 $. »

« Toute la dette publique haïtienne constituait des rentes au profit des étrangers. »

L'influence mitigée de l'immigration

Dès le début de son existence, dans toutes les relations internationales, toutes les transactions financières, toutes les négociations avec l'étranger, tantôt par la corruption, surtout par la force, sans oublier les procédés humiliants, Haïti s'est toujours trouvée perdante, bafouée et forcée dans une spirale infernale d'endettement et d'appauvrissement continue.

Cette constatation donna lieu à cette longue tirade pleine d'amertume de J. N. Léger[87] :

> « Qu'on ne m'accuse pas d'être hostile aux étrangers. J'aime sincèrement ceux qui veulent nous aider à marcher vers le progrès, à accomplir notre évolution. J'ai particulièrement une haute estime pour les professeurs qui se consacrent à l'instruction de mes compatriotes ; pour ceux-là, jamais le pays ne sera assez généreux. Ils sont malheureusement en petit nombre et à côté d'eux grouille tout le rebut des nations étrangères ; véritables scories, que les sociétés rejettent de leur sein et qui pour notre malheur, viennent s'accumuler en Haïti. Garçons de café ayant dévalisé leurs patrons, caissiers infidèles, faussaires attendant la prescription légale, condamnés en rupture de ban, tels sont les divers éléments qu'on peut découvrir dans le ramas de gens venus on ne sait d'où et qui encombrent nos villes. Tous n'ont qu'une idée fixe, faire fortune ; inutile d'ajouter qu'ils ne sont pas difficiles sur le choix des moyens. Ils ne reculent devant aucune mauvaise action, pourvu qu'elle leur rapporte de l'argent, espérant ainsi que les pièces de cent sous finissent par les rendre une

---

[87] J.N. Léger, *La politique extérieure d'Haïti*, Paris, G. Marpon et E. Flamarion, 1886, p. 23.

honorabilité à jamais perdue pour eux. Les gouvernements haïtiens tentèrent de se protéger contre cette mainmise économique, en particulier, reprenant régulièrement dans chaque constitution la disposition qu'avait introduite Jean-Jacques Dessalines dans la constitution de 1805. Ils prohibèrent toute propriété immobilière aux étrangers. Mais chaque médaille a son revers. Beaucoup de commerçants étrangers, Allemands principalement et ainsi que quelques Français épousèrent des filles de la bourgeoisie haïtienne pour commercer librement sans la contrainte d'un loyer et du contrôle d'un propriétaire. On vit alors s'enrichir une communauté interlope dont les membres réclamaient souvent le secours de leurs ambassades d'origine, au besoin par le moyen de l'envoi d'une canonnière devant Port-au-Prince, chaque fois qu'ils avaient un différend avec la police ou avec les douanes haïtiennes, et chaque fois le gouvernement haïtien dut céder. Une dépêche du ministre de France à Port-au-Prince du 15 septembre 1910 en donne l'illustration plaisante, disant que « quelqu'un a observé plaisamment, mais non peut-être quelque raison que ce qui dans la Belgique séduisait les Haïtiens, c'est qu'elle n'avait pas de navires de guerre. »

La diplomatie de la canonnière tenait lieu d'assurance contre les risques politiques.

« Ce sont eux qui exploitent les mauvaises passions des Haïtiens, ce sont eux qui flattent le mulâtre, essayant de lui faire croire qu'il est supérieur au noir, et ce sont eux qui excitent le noir contre le mulâtre. Ils sont les artisans de nos discordes civiles ; on retrouve leur main dans presque toutes nos luttes intestines. Ils fournissent de l'argent aux mécontents pour les inciter à la révolte. Et l'insurrection une fois proclamée, ils s'empressent de prêter au gouvernement les sommes nécessaires pour la combattre. Le sang coule, mille victimes sont sacrifiées ; de nombreuses familles sont ruinées ; des villes entières disparaissent. Tranquilles, ne ressentant aucun remords des malheurs qu'ils ont provoqués, ils escomptent le fruit et le profit de la victoire. Soit que le gouvernement ou que l'insurrection triomphe,

> cela leur importe peu, ils sont sûrs d'encaisser de l'argent. À part le taux élevé auquel ils ont avancé aux contendants les sommes dont ceux-ci avaient besoin, ils en ont toujours et en produisent au bon moment. Et des gens qui, pour tout mobilier, n'avaient que de méchants bric-à-brac n'hésitent pas à demander des milliers et des milliers de francs pour pertes de meubles. Les étrangers que nous enrichissons ainsi nous gardent du moins quelque reconnaissance ? Nenni. Ils ne pensent qu'à nous bafouer, qu'à nous calomnier. Ce sont nos plus acharnés détracteurs. »

Un rapprochement de cette lamentation de J. N. Léger s'impose avec celle faite par un témoin de première loge de la scène politique, le baron christophien Valentin de Vastey[88] : « Dans cette guerre civile (Christophe contre Pétion) malheureuse et désastreuse pour le peuple haïtien, les Blancs comme dans toutes nos précédentes guerres jouèrent leurs rôles accoutumés, ils conseillaient et intriguaient des deux côtés ; ils aidaient de tout leur pouvoir les deux partis à se faire tout le mal possible, des deux côtés. Ils s'empressaient de fournir des armes, des munitions, des vaisseaux, des provisions, etc. On a même vu qu'aussitôt qu'un parti était prêt à succomber, ils faisaient tous leurs efforts pour le relever, afin de perpétuer la guerre civile. » Avec plus d'un siècle d'intervalle, les conclusions sont les mêmes.

> « Et notamment, continue Léger[89], à la fin de la déplorable rébellion inaugurée à Miragoâne en 1883, M. Burdel, ministre de France, a-t-il pu, sans se gêner, désigner comme membre de la commission mixte chargée de statuer sur les réclamations françaises un M. d'Aubigny qui avait des précédents à faire triompher. Un tel choix ne souleva aucune objection. Et le singulier commissaire nommé par la légation française de s'adjuger bravement avec le concours de ses collègues une somme de douze mille piastres ou soixante mille francs pour des pertes dont la preuve reste à faire. Les autres commissions mixtes étaient également composées d'intéressés qui se votaient mutuellement de

[88] Leslie J.R. Péan, *ibidem, op cit,* p. 184-185.
[89] N. Léger ..*politique extérieure*, *ibidem, op. cit*, p. 89.

fortes indemnités, véritables comédies de famille dont la République d'Haïti payait tous les frais ! En 1885, il a été voté une somme de 327 655 gdes aux exotiques qui étaient censés avoir souffert des évènements de 1879. L'année précédente, plus de 800 000 gdes leur avaient été accordés à l'occasion des troubles de 1883 ; soit en l'espace d'un an, près de six millions de fr extorqués à notre faiblesse par l'étranger. »

« Certains consulats de Port-au-Prince sont de véritables boutiques où se brassent toutes sortes d'affaires véreuses. Des consuls et même des ministres trafiquent sans scrupules de leur situation. Ils prélèvent cyniquement un tantième pour cent sur les sommes qu'au nom de leurs nationaux ils arrachent à la faiblesse de nos gouvernements. Il y en a qui ne font aucun mystère du honteux commerce auquel ils se livrent. Tout récemment, le ministre de France, dans une lettre rendue publique, qualifiait la légation d'une grande puissance d'agence n'ayant plus de méfaits à commettre[90] ».

« Le gouvernement haïtien ne peut faire arrêter le plus fieffé coquin appartenant à une nationalité étrangère. Qu'il s'agisse d'un crocheteur de serrures, d'un assassin, d'un faussaire, il y a toujours un consul et même un ministre (ambassadeur) prêt à réclamer l'impunité pour un compagnon qui lui fait tant d'honneur. Lorsque le gouvernement haïtien montre un peu de fermeté et laisse la justice suivre son cours, voici ce qui arrive : si le tribunal acquitte l'accusé, tout de suite son consul ou même son ministre réclame de fortes indemnités. Si, au contraire, le tribunal condamne, le président de la République est circonvenu, on le prie avec déférence, lui fait mille caresses. Importuné, le chef de l'État gracie le condamné. Immédiatement apparaissent les réclamations de dommages et intérêts. Que l'accusé soit acquitté ou condamné, les bons petits noirs d'Haïti sont obligés de lui faire assurément une belle prérogative. Mais il importe de s'en servir avec discrétion, le chef de l'État qui en abuse peut discréditer la

---

[90] *Ibidem*, p. 85.

magistrature de son pays et enlever toute autorité aux décisions de nos tribunaux. »

« La plupart des Français établis en Haïti disposant de la puissance et de la protection de leur nation s'étaient crus autorisés à s'immiscer dans les affaires d'Haïti ; pour cette raison, le gouvernement haïtien dans la plénitude de ses droits ordonna l'expulsion de M. Dubrac à titre de sanction politique. Ce citoyen français fut arrêté au Cap-Haïtien et conduit à Port-au-Prince à bord de la corvette haïtienne Le Rapide. Quand le consul français Levasseur fut informé du bannissement de son compagnon, il entra dans une colère difficile à décrire. Il ordonna au commandant du vapeur français Le Tonnerre de se rendre au Cap. Le commandant invita à son bord le commandant de la corvette haïtienne.

À peine ce dernier était-il monté sur Le Tonnerre qu'il fut saisi, garrotté, lié à une pièce de canon et fouetté jusqu'au sang. Ensuite, le consul Levasseur fit à la chancellerie haïtienne une représentation en réclamant une valeur de 45 000 gourdes en faveur du sieur Dubrac qui avait subi des pertes et des mauvais traitements. [91]»

« C'était la seconde fois que Levasseur avait pris sur lui de rompre les relations consulaires avec le gouvernement haïtien. Au début d'août,

M. Charles Touzalin, frère du chancelier du consulat, faux-monnayeur, fut pris en flagrant délit par le consul Levasseur lui-même. Touzalin était sur le point d'être arrêté, quand l'intervention irrégulière et inadmissible du consul de France en pleine rue obligea le chef de la police à y surseoir. Une flotte française composée de la corvette La Circée, des bricks Le Hussard, Le Bison, Le Laurier et la frégate L'Amiral arrivèrent en rade de Port-au-Prince, et le consul Levasseur prit sur lui-même de rompre les relations officielles avec le gouvernement haïtien.[92] Il n'est pas

[91] Jean Coradin, *Histoire diplomatique d'Haïti*, 1843-1870, tome 2, p. 91.
[92] *Ibidem*, p. 93.

hasardeux, continue Léger, d'affirmer que le consul Levasseur a lui-même inauguré, en raison de l'esprit trop conciliant de notre politique extérieure, cette diplomatie tracassière, brutale, aux fins humiliantes, qui constituera par la suite le trait dominant des relations de l'Europe avec Haïti ».

Cependant, bien longtemps en Haïti, on avait pourtant reconnu le rôle civilisateur de l'immigrant comme vecteur du développement économique, par son rayonnement et par le transfert de technologie dont il était porteur. Madiou et d'autres aussi, et pas des moindres, Frédérique Marcelin, Edmond Paul, Anténor Firmin[93] s'étaient prononcés à leur époque pour l'ouverture du pays à l'immigration. « Appelons franchement dans notre sein nos frères de tous les points du globe. Offrons-leur une organisation assez forte, assez protectrice, assez de garanties d'ordre et de stabilité pour qu'ils puissent vivre parmi nous. Appelons sur notre sol l'industrie et les capitaux de l'Europe. Nous devons le faire sous peine de grandes calamités, car si nous ne faisons pas prospérer le magnifique territoire que nous occupons, l'étranger voyant la proie facile allonge la main pour s'en saisir... Je me suis efforcé de démontrer que les peuples qui ont joui de la liberté et de l'ordre ont progressé. »

Boyer, dans une certaine mesure, l'avait compris aussi et était intervenu financièrement pour favoriser l'immigration de Noirs américains en Haïti. Quelques années plus tard, Geffrard reprenait cette démarche. Si celle-ci n'ont pas abouti de façon satisfaisante, l'intention était noble, bien motivée de profiter d'un transfert de technologie dans certains domaines et d'enlever des ''*frères*'' des horreurs de la discrimination raciale des États- Unis. Très peu de Noirs américains restèrent au pays pour y faire souche. Naturellement, nous ne saurions passer sous silence l'impact de Théodore Holly qui fonda l'église épiscopale d'Haïti dont il devint le premier évêque et aussi celui de Charles Emmanuel Bénédict et

[93] Joseph Justin, *Réformes nécessaires*, Port-au-Prince, Chenet, 138, rue du peuple, 1915.

d'Emery Jones, les deux premiers pasteurs ordonnés en Haïti, qui ont une longue progéniture fondue dans la société haïtienne.

Il y a eu plusieurs autres vagues d'immigration dans le pays. Il y a eu celles que je qualifierais d'immigration tranquille parce que ces groupes se sont généralement fondus, assimilés dans notre population, sans histoire. Il y a eu par exemple l'immigration cubaine, faite d'ouvriers artisans. La domination de l'Espagne à Cuba avait déterminé un courant d'immigration vers Haïti. Ces Cubains formèrent une colonie paisible et laborieuse qui comptait dans ses rangs des tailleurs, des cordonniers de marque. Beaucoup de leaders de la rébellion cubaine ont aussi séjourné temporairement en Haïti, entre autres Maximo Gomez et José Marti. Certains exilés ont même été la cause d'embarras diplomatiques. Haïti était à l'époque le refuge de tous les exilés politiques de la Caraïbe : citons Santiago Marino du Venezuela de même que la famille Piar des Cayes, du nom d'un compagnon de Bolivar resté au pays (les coqs *bénézuels* sont un héritage de l'influence du Venezuela dans la culture populaire haïtienne).

Il y a eu aussi l'immigration jamaïcaine constituée en majorité d'ouvriers spécialisés dans la construction, responsables des maisons dites ''fire proof '' (*paya pouf*) dans la ville des Cayes. De nombreux immigrants venant des Antilles françaises dont certains se sont rendus célèbres ; plusieurs centaines de Guadeloupéens et de Martiniquais ont émigré en Haïti ; ils y pratiquent de petits métiers et, grâce à leur couleur, parviennent à se faufiler dans l'intérieur. Le régime militaire et la justice sommaire ne semblent pas leur peser ; la simplicité du système répond entièrement à leurs convenances. On estime qu'il se trouve, en Haïti, 1.500 gens d'origine guadeloupéenne. Les Haïtiens les désignent sous le sobriquet de Moucas. Ils commencèrent à venir vers 1850, aussitôt après l'abolition de l'esclavage. Plusieurs Guadeloupéens possèdent en Haïti d'importantes maisons de commerce ; MM. Boulin, à Saint-Marc et Port-au-Prince ; Gaston Revest, à Port-au-Prince ; Chériez, au Petit-Goave. Citons aussi Étienne Mentor, secrétaire particulier de Dessalines, Moreau de St-Méry, historien incontournable de l'époque coloniale, de la Guadeloupe. Il y eut au cours des ans un certain nombre de familles martiniquaises qui se sont établies au pays. Faudrait-il ajouter Louis Borno et François Duvalier dont les origines martiniquaises sont, il est vrai controversées.

Source internet.

L'arrivée des Juifs en Haïti remonte au 15e siècle lorsqu'ils fuyaient l'Inquisition. Les juifs constituent la majorité des compagnons de Christophe Colomb qui débarquent à Hispagnola. À partir de 1830, Haïti reçoit des juifs fuyant les pogroms polonais, puis du Liban, de Syrie ou d'Égypte qui émigrent à Haïti. Durant la Seconde Guerre mondiale, Haïti a été l'un des rares pays à ouvrir ses frontières aux Juifs fuyant le nazisme. Le 29 mai 1939, le président haïtien Sténio Vincent fait adopter un décret législatif octroyant la nationalité par contumace et la citoyenneté haïtienne in abstentia aux réfugiés juifs d'Haïti. Il annonce vouloir en accueillir 50 000, afin de leur permettre d'échapper aux persécutions déclenchées par le IIIe Reich d'Hitler. Son successeur le président Elie Lescot autorisera les consuls haïtiens en Europe à accorder le passeport haïtien à tout Juif qui en ferait la demande.

Ainsi, plusieurs centaines de Juifs[94] furent sauvés par les actions diplomatiques d'Haïti depuis l'Europe. Haïti devint ainsi terre d'accueil des Juifs persécutés d'Europe plus de 300 familles juives vinrent s'installer dans plusieurs villes haïtiennes, dont beaucoup à Jacmel.

Les premiers Allemands étaient venus dans la colonie en 1764 ; débris d'une colonisation malheureuse, entreprise à Cayenne, ils furent installés à Bombardopolis, près du Môle Saint-Nicolas, et y prospérèrent dans la culture du café ; ils étaient un millier, lors de la Révolution. L'indépendance haïtienne les distingua des blancs français, leur donna les droits de citoyen et le nom générique de noirs. Un nouvel afflux d'Allemands, venu des villes hanséatiques, s'accentua vers 1860. Plusieurs entrèrent comme employés chez les négociants français, épousèrent leurs filles et devinrent leurs successeurs. Depuis lors, un courant constant s'est établi, et le commerce allemand prend une part considérable dans les ports haïtiens, notamment à Port-au-Prince.

L'immigration allemande va supplanter celle des Anglais et des Américains. Les Allemands devinrent les maîtres de l'agio et leur influence s'est encore accrue grâce leurs détestables pratiques financières. Entre 1909-1910, la population allemande d'Haïti s'élevait à quelque 200 personnes, d'après Rotberg[95]. Ils contrôlaient près de 80 % du commerce international de textile, des biens de consommation et de l'exportation de café. Ils possédaient certains services d'utilité publique au Cap et à Port-au-Prince, le warf de Port-au-Prince, le chemin de fer de la plaine du Cul-de-Sac, le tramway de Port-au-Prince. De plus, le Hambourg – America line était la principale ligne de bateau qui desservait Haïti.

Vibert[96] de nationalité française, déplore naturellement que le monopole des affaires passe entre des mains allemandes, en

---

[94] Marcel Auguste, *Haïti et la deuxième guerre mondiale,* AGMV Marquis, 1998.

[95] Robert Rotberg, The politics of squalor, Houghton Mifflin company,1971, p.111.

[96] Paul Vibert, *La république d'Haïti, son présent, son avenir économique*, Berger-Levrault et cie, Paris 5, rue des beaux-arts, p. 15

ajoutant que « ce danger n'est pas moindre pour les intérêts bien compris de la république haïtienne, car partout où s'implante l'Allemand, il apporte une dureté et un égoïsme particuliers qui ne sont surpassés que par les procédés anglais ». Au Cap-Haïtien et dans la plaine du Nord, une colonie corse et d'Italiens, très prospères, maintiennent dans les affaires une autorité indiscutée.

L'arrivée de Syriens[97] devait compliquer davantage la situation financière du pays, en raison d'une immigration continue, de crédits qu'ils obtenaient des États-Unis par leurs contacts à New York et à Chicago. En 1895, ils étaient 2000 environ. Ils pénètrent dans tous les coins de l'île, comme marchands et colporteurs, se laissant expulser d'un endroit pour reparaître sur un autre. Les rares Haïtiens qui essayaient de soutenir la concurrence ont été littéralement évincés par les immigrants syriens. En accaparant de fait le petit commerce, ils avaient fini par plonger dans le désœuvrement la classe de marchands et de boutiquiers haïtiens. De plus, ils étaient accusés d'avoir causé la pénurie de la monnaie divisionnaire d'argent recueillie des mains du paysan au cours de leurs tournées dans les campagnes, en exportant cette monnaie à New York en pièces ou en lingots malgré la loi prohibitive de mars 1904. Ce reproche n'était pas sans fondement, encore qu'il eût pu s'adresser à la plupart des hauts commerçants étrangers qui, pour mieux échapper aux foudres du gouvernement, montraient les Syriens du doigt. Ceux-ci expédiaient la monnaie par tous les moyens, au début dans des malles que les autorités douanières ne se souciaient pas d'inspecter, parfois en lingots et même dans un cas, sous la protection du sceau de la légation française.

Le gouvernement accusait encore quelques Syriens de tentatives de contrefaçon du papier-monnaie et la légation des États-Unis admettait le bien-fondé de l'accusation, au moins dans le cas d'un ressortissant. L'influence et l'ambition des Syriens grandissaient avec la fortune qu'ils amassaient, et faisaient trembler les rois du négoce. La colonie allemande et la colonie française surtout se mirent donc à attiser contre eux l'hostilité gouvernementale et l'animosité populaire. En 1900, un grand

---

[97] Alain Turnier, *Les États-Unis et le marché haïtien*, Washington, 1955, p. 163-165.

nombre de Syriens partirent en emportant avec eux des capitaux estimés jusqu'à deux millions de dollars.

D'après Turnier[98], les importations aux États-Unis de pièces ou de lingots d'or se chiffraient comme suit :

1897-98	147 486,00 $
1898-99	378 373,00 $
1899-00	80 780,00 $
1900-01	11 850,00 $
1904-05	44 819,00 $
1905-06	49 575,00 $

Ces chiffres expliquent pourquoi les différents gouvernements haïtiens, par manque de liquidité, ainsi disparue vers l'étranger, ont dû périodiquement recourir au papier-monnaie.

Évidemment, les effets pervers de cette tolérance de fait dont jouissaient les étrangers ne devaient pas manquer de se manifester dans la population autochtone, au détriment du pays.

> « Le Haïtien paisible qui, n'ayant jamais rempli de fonction publique et demandant au travail seul ses moyens d'existence, voit disparaître dans les flammes ses propriétés péniblement acquises et perd en quelques heures parfois les fruits d'un labeur de plusieurs années ne peut manquer de faire d'amères réflexions, quand l'État après une guerre civile ne se montre généreux qu'envers des étrangers dont la nationalité même est souvent douteuse. Il finit par se demander s'il ne ferait pas mieux, au lieu de peiner misérablement, d'adopter une autre nationalité. Après une absence plus ou moins longue et un certain séjour dans les colonies françaises ou anglaises, des Haïtiens rentrés chez eux se déclarent tranquillement étrangers. Il y en a qui se

[98] *Ibidem.*

sont encore moins gênés et qui, sans quitter le lieu de leur naissance, se sont contentés d'une simple déclaration devant un consul ou un ministre étranger pour se soustraire aux charges diverses afférentes aux nationaux... Et le ministre de France, sans autre formalité, se serait empressé de les baptiser Français.... Il y eut des naturalisations absolument irrégulières, contraires à toutes les règles du droit international et dont le département des relations extérieures, s'il était à la hauteur de sa mission, se refuserait à reconnaitre la validité. Le plus souvent, on les accepte pour tels et je suis obligé d'avouer qu'on les a rarement obligés de prouver leur étrange assertion[99] ».

« La banque est allemande, les commis de banque sont allemands. L'enseignement est français. Le commerce d'importation et d'exportation est allemand, français, anglais, américain et syrien. De rares commerçants haïtiens se trouvent mêlés à cette sauce cosmopolite- une sauce blanche- comme deux ou trois grains de poivre qui y seraient tombés par mégarde. Le clergé catholique est français. Le clergé protestant est anglais ou américain. Le personnel technique de notre marine et de nos modestes services de transport est allemand, américain et français. La cordonnerie est cubaine et italienne. L'horlogerie et la bijouterie sont italiennes. La confection pour hommes est surtout cubaine. La carrosserie est jamaïcaine. Les quelques usines que nous avons çà et là pour la préparation du café et du coton et du cacao, tout cela est aux mains des étrangers[100] »

« À quoi il est propre, le peuple qui ne confectionne pas même ses vêtements et ses chaussures ? » se demande Edmond Paul.

Pour compléter le tableau de l'ingérence étrangère dans la politique haïtienne, nous mentionnons leurs interventions militaires directes en faveur d'un candidat ou d'un parti politique.

---

[99] J. N. Leger, *Politique extérieure... ibidem*, p. 47.
[100] Sténio Vincent, *En posant les jalons*, Imprimerie de l'État.1939, p. 218.

Cette ingérence se manifesta très tôt au cours de notre histoire. On se souvient du siège de Jacmel par les Anglais pendant la guerre du Sud qui a été déterminant pour la victoire de Toussaint Louverture. Ces interventions sollicitées par l'irresponsabilité des belligérants haïtiens ont causé de graves difficultés qui ont parfois frôlé le désastre.

En 1863, l'Angleterre qui prenait parti pour Geffrard dans sa lutte contre Salnave profita d'un incident survenu entre les autorités capoises et le commandant du navire anglais le Bulldog, pour faire bombarder par deux navires anglais la ville du Cap assiégée par Geffrard. L'amour-propre national ne pardonnera pas à Geffrard cet épisode qui marquera la fin de sa présidence.

En 1891, Hyppolyte en guerre contre Légitime promet le Môle St-Nicolas aux Américains qui avaient mis à sa disposition le bateau à vapeur le Haitian Republic. Le navire américain fut capturé par le bateau de guerre haïtienne Le Dessalines, ce qui faillit dégénérer en incident diplomatique. Il a fallu ensuite toute l'habileté diplomatique de Firmin pour sortir de l'impasse de la demande du Môle St-Nicolas par l'Amiral Gherardi au nom des États-Unis.

En 1902, pendant la campagne électorale de Firmin, le gouvernement provisoire se servit du navire allemand le Markomania pour envoyer des munitions dans le nord du pays. Le Markomania fut saisi par Hamerton Killick qui appuyait Firmin. Le gouvernement allemand dépêcha son navire le Panter récupérer le Makomania. Killick et son médecin le Dr Coles périrent en faisant sauter la Crête-à-Pierrot pour éviter son arraisonnement par le Panter.

L'histoire rapporte aussi qu'Accau pour assurer le succès de sa lutte proposa la suzeraineté du pays aux Anglais. Domingue en fit de même pendant la scission du sud et Saget leur offrit le Môle St-Nicolas. Salomon offrit le Môle aux États-Unis et envoya Manigat en France négocier un protectorat français. Leconte fera appel aux Allemands. C'est l'oligarchie haïtienne étrangère, dit Barros, profiteuse du régime traditionnel haïtien qui a prévenu l'ultime tentative de Firmin en 1908, lui préférant Antoine Simon. Dans la nombreuse et étincelante assemblée venue apporter allégeance du haut négoce au nouveau président, Barros[101] écrit : « On pouvait remarquer les Staudes, les Hall, les Kohler, les Luders, les Stempel, les Velten, les Roberts, les Stecher, les Hulneck, les Altieri, les Heydebrand, les Ahrendts, Les Ollofson, les Pollman, les Langwcharts, les Gébara et nous passons, une litanie de noms à consonance bien haïtienne. »

« Les étrangers qui ne cessent de critiquer l'administration financière haïtienne devraient chercher les raisons de sa pauvreté. Ils devraient savoir que les assauts fréquents et répétés sur le Trésor haïtien par l'une ou l'autre des grandes puissances ont contribué pour une large part au déficit de son budget et aux circonstances difficiles dans lesquelles elle s'est en plusieurs fois retrouvée. L'histoire d'Haïti est une lutte permanente pour conserver sa souveraineté et sa liberté, d'efforts constants pour l'amélioration des conditions sociales et politiques accomplis sans aide et malgré la mauvaise foi des grandes puissances » conclut J.N. Léger[102].

La complicité de l'administration haïtienne est cependant évidente. Quelques grandes fortunes se sont faites avec une rapidité incroyable soit par la contrebande à la douane, soit par le trafic d'influence, soit par l'obtention de contrats monopolistiques.

> « Tout le monde sait que les capitaines qui arrivent dans les ports d'Haïti ne présentent jamais leurs factures et leurs manifestes tels qu'ils les ont reçus au port d'expédition. Plusieurs capitaines de navire de commerce étranger débarquent leur pacotille avant de jeter l'ancre dans le port. L'huile kérosène très consommée dans le pays, les magasins en sont bondés, les petites boutiques en regorgent, la consommation est généralement partout, pourtant l'huile kérosène ne figure pas sur le manifeste des navires, ni non plus sur les bordereaux d'importation de la douane.[103] »

Joseph Justin disait à la fin du XIXe siècle que la bourgeoisie haïtienne rêvait d'un petit hôtel soit à Passy soit à Auteuil, et que

---

[101] Jacques Barros, *Haïti 1804*, L'Harmattan.1964, p. 223-360.
[102] J. N. Leger, *ibidem*, p. 47.
[103] Cité dans Benoit Joachim, Racines... *ibidem*, op.cit, p. 151 et 153.

son idéal était de faire le plus d'argent possible et de venir le dépenser à Paris. L'héritage colonial était encore bien vivant, transmit intact, au détriment du pays.

L'installation de la culture politique et de la dépendance économique

Il est outrageux d'exiger de la vertu
et de la conscience professionnelle
d'hommes en détresse.
Jacques Barros

Le XVIIIe siècle a été le siècle de Saint-Domingue, mais déjà tout laissait prévoir cependant que le XIXe devait consacrer la décadence de ce joyau colonial, la perle des Antilles. Les effets pervers de l'esclavage et de l'économie de plantation avaient déjà commencé à se faire sentir.

Entre 1795 et 1805, la Jamaïque avait déjà doublé sa production de sucre et Cuba triplera la sienne entre 1789 et 1815. Pendant la même période, la culture et la transformation de la canne connaissaient aussi un développement considérable à Porto-Rico, en Guyane et à la Trinité. Dans cette dernière île, les Britanniques avaient introduit l'usage de la charrue et de l'engrais. Le moulin à vapeur y avait fait son apparition, remplaçant l'homme par la machine. La production sucrière avait franchi un pas de plus vers les rendements industriels avec compression de la main-d'œuvre.

Pendant ce temps, les planteurs de Saint-Domingue se limitaient et se fiaient encore au mode de production esclavagiste qui devait complètement fausser le problème de la mise en valeur des plantations, en ramenant la culture à une seule question de main- d'œuvre. Ils reléguaient au second plan l'amélioration des terres. Dans ce contexte de l'esclavage, il n'y avait pas de place pour l'augmentation de la productivité par l'introduction de technologies nouvelles. La disponibilité de la force de travail n'incitait nulle- ment à l'achat d'équipements ni à l'amélioration des méthodes de production. L'augmentation de la productivité ne se concevait que par l'augmentation quantitative des moyens de production, l'augmentation du nombre ou de la dimension des plantations, du nombre des moulins, des animaux, par le travail toujours accru des esclaves, par la rotation des terres plutôt que par l'usage de fertilisants et par la mécanisation. La solution préférée était de forcer la main-d'œuvre, plutôt que de fumer la terre, « on pousse le Nègre », dût-il en périr.

On a calculé qu'en tout 800 000 esclaves africains ont été introduits à Saint-Domingue. Très lentes à démarrer au début du siècle, les importations d'esclaves connurent une accélération impressionnante dans les dernières années du régime colonial, montrant à l'évidence l'emballement de celles-ci. Si en 1771 les importations de l'année ne s'élevaient encore qu'à 10 000 esclaves, elles atteignirent plus de 150 000 esclaves pour les années 1785- 1789, dont 55 000 pour cette dernière année.

Ainsi donc, cette disponibilité de la force de travail allait devenir un handicap à l'expansion économique. Les propriétaires de grandes plantations étaient piégés, pris dans un cercle vicieux d'augmenter de plus en plus le nombre de leurs esclaves dont le coût d'acquisition augmentait constamment à Saint-Domingue.

De Vaissière donne les chiffres suivants, en livres, du prix d'achat d'un esclave :

1160 en 1750

1560 en 1770

1900 en 1778

2200 en 1785

De la Jamaïque venaient beaucoup de Nègres de traite qui coûtaient un tiers de moins qu'à Saint-Domingue. L'achat d'esclaves devenait ainsi la plus grosse dépense du planteur qui s'endettait de plus en plus auprès des négociants français. Le surmenage des esclaves écourtait leur vie. Le tiers des nègres de Guinée mourait ordinairement dans les trois premières années de la transplantation et la vie laborieuse d'un nègre né au pays ne pouvait dépasser plus de quinze ans. En règle générale, une plantation remplaçait sa population d'esclaves tous les dix ans. D'après l'abbé Raynal, un esclave sur vingt mourait de causes naturelles, un sur quinze si on ajoutait les accidents divers.

Comme l'esclave représentait à la fois la force de travail et le capital, le planteur était condamné à s'endetter toujours davantage en détruisant ainsi, de façon très peu économique, son investissement. L'esclave après avoir fait la fortune de Saint-Domingue préparait ainsi sa décadence. D'autant plus que l'esclave, on le comprend, n'était pas bon travailleur. Adam Smith est catégorique dans sa conclusion : « L'homme qui ne peut acquérir de propriété n'aura jamais d'autre intérêt que de manger et de travailler le moins possible. L'ouvrage des esclaves, quoiqu'il ne coûte en apparence que les frais de la nourriture, est le plus cher de tous, en dernière analyse... » La productivité de l'esclave était donc très médiocre. Il fallait constamment la présence du commandeur pour le forcer, au fouet, à travailler. Dès qu'il le pouvait, il boycottait son travail et il ne se faisait pas de scrupule de voler un objet quelconque à son maître, sans parler du marronnage qui allait devenir une plaie dans la colonie et qui était source permanente de diminution et de désorganisation de la force de travail.

L'économie de plantation, telle que conçue, était entièrement extravertie, contrôlée par des intérêts extérieurs, tournés vers la satisfaction des besoins de la métropole, dont elle était complètement dépendante. Les négociants français fixaient les prix des denrées agricoles qu'ils recevaient, mais le planteur n'avait pas de prise sur le coût des produits qu'il consommait. C'était le pacte colonial, la vocation de Saint-Domingue, ce que l'on appellera plus tard, dans le langage tiers-mondiste du XXe siècle, l'échange inégal entre le centre et sa périphérie, au détriment de celle-ci.

Pour les mêmes raisons, le niveau d'industrialisation restera rudimentaire à Saint-Domingue, afin de maintenir cette dépendance exigée et entretenue pour favoriser la métropole.

L'industrialisation nécessitait d'ailleurs la présence d'un marché intérieur que ne pouvait certainement pas supporter la masse des esclaves, sans pouvoir d'achat.

De plus, la défection constante des grands planteurs privait Saint-Domingue d'hommes enracinés dans le pays et qui seuls seraient en situation de constituer un noyau de société, capable de donner l'impulsion à une vie civile et d'instituer les principes d'un esprit public. Ceux-ci partis, que reste-t-il dans ces villes coloniales ? Outre les militaires en garnison et les hommes de rade qui sont de passage, on n'y rencontre que des négociants dont le capital et les intérêts fondamentaux sont situés ailleurs et une nuée d'aventuriers débarqués de fraîche date et qui n'ont pas d'idée claire sur ce qu'ils feront une fois qu'ils auront achevé de débiter au détail la pacotille qu'ils ont apportée dans leur baluchon.

Avec la vogue du café, on partira à la conquête de toutes les mornes encore boisées et le café des montagnes va remplacer le sucre des plaines devenues moins fertiles. Même le café était déjà marqué du sceau de caducité. « Les meilleures terres que l'on plante ici en caféiers ne donnent pas plus de trente récoltes avant d'être épuisées ». L'enrichissement des colons signifiait l'appauvrissement du territoire. « L'obstination des cultivateurs à ne pas employer la charrue est la cause de l'éreintement précoce des sols des plaines. »

Saint-Domingue était utilisée comme un simple comptoir, une colonie d'exploitation, dont il fallait tirer le maximum dans un temps minimum, sans souci de continuité et du lendemain, sans préoccupation écologique, sans même un réflexe primaire de protection de la source de revenus.

Haïti naîtra donc ruinée par ce sac colonial anarchique, dévastée après la guerre d'indépendance, avec peu de ressources humaines. Les colons emportèrent les capitaux qu'ils étaient presque seuls à détenir ou à pouvoir obtenir de la part des négociants des ports français. Ils privèrent ainsi la nation haïtienne des fonds nécessaires à la reconstruction. Dorsainvil notait que Haïti était le seul pays du continent américain à avoir perdu l'ensemble de sa classe dominante durant les luttes pour l'Indépendance, et qu'il lui manquait par conséquent ce genre de continuité et ces contacts qui s'instaurent entre jeunes États et anciennes métropoles, et que facilite justement le maintien d'une élite, comme c'était le cas dans les autres républiques indépendantes des Amériques.

À la veille de la révolution, la dette des colons atteignait le tiers de la valeur des exploitations, qui aurait accordé les mêmes facilités de crédit aux Haïtiens indépendants ?

Haïti naquit ainsi sans le soutien d'un marché intérieur ; loin d'être des « pôles de croissance », les villes étaient de simples entrepôts. Tout était réuni pour entraver non seulement le développement de l'industrie, mais aussi d'une mentalité industrielle. À défaut de structures mentales adaptées au monde moderne, les nouveaux dirigeants d'Haïti héritaient d'une colonie dévastée dont l'organisation était conçue pour l'exploitation.

Haïti était irrémédiablement vouée au sous-développement.

L'effet combiné d'une impossibilité d'accumulation locale jointe à une absence de crédit provoquera une carence de disponibilité du capital. Le peu de capital généré sera absorbé pour la satisfaction des besoins primaires immédiats de la population, dont la majeure partie restera donc en dehors de l'économie d'échange et sera réduite à produire pour subsister. L'absence de besoin généralement décrite dans la classe paysanne peut ne pas être nécessairement primaire.

En maintenant la majorité de sa population, en l'occurrence la classe paysanne, dans un état qui l'excluait du circuit de consommation, la société haïtienne limitait ses possibilités de croissance. De plus, l'État haïtien autoritaire, toujours contesté, toujours remplacé, sans stabilité, ne se trouvait pas non plus en mesure de remplir avantageusement son rôle.

Dans l'optique capitaliste dominante, un pays ne s'enrichit qu'en consommant toujours davantage. Une augmentation de la demande provoque le développement d'une industrialisation tournée vers la satisfaction de cette demande. L'augmentation de l'offre engendre une diversification de la production, créant ainsi un cercle vicieux de croissance et d'enrichissement auto-entretenu.

Le marché intérieur étant inexistant, le stimulus pour une augmentation de la productivité ne pouvait venir que de l'élargissement du marché extérieur, par l'augmentation du commerce extérieur. Les différentes taxes appliquées au travail paysan, les droits de douane à l'exportation n'étaient pas une incitation à l'augmentation de la productivité, d'autant plus que le surplus du travail paysan était accaparé et partagé de façon inégale d'ailleurs entre la bourgeoisie mercantile étrangère et la bourgeoisie nationale.

Interviennent alors les facteurs intrinsèques, les menaces d'un État arbitraire et incivil, la paralysie des facteurs de perfectionnement humain essentiels, l'analphabétisme, un mythe égalitaire excessif, l'oblitération de l'initiative exploratrice et inventive individuelle et l'inexistence d'une attitude de confiance indispensable en la personne humaine, envers l'Autre, le concitoyen, ''*quintessence des conduites culturelles* '' décisives pour le progrès et le développement. Tout a été négligé et ignoré.

De plus, le paiement de la dette de l'Indépendance, l'hostilité des grandes puissances qui maintenait Haïti sous la défensive dans un commerce dont elles imposaient les conditions, en ne ménageant pas les actes de vulgaires pirateries, directes à l'occasion, en jouant sur ses divisions intérieures, en poussant aux crimes, en s'associant avec des compatriotes sans moralité, sans souci du devenir de la collectivité, tout était en place pour maintenir Haïti dans une situation de dépendance.

Haïti n'a jamais été libre de décider de son destin !

La première nation à proclamer son indépendance, elle sera la première à faire l'expérience de l'impasse néocoloniale avec la subordination de son État national, sa classe dirigeante sans possibilité réelle d'accumulation, sa bourgeoisie mercantile d'origine étrangère indifférente sinon hostile au progrès du pays.

Dès 1848, les structures sociales et économiques d'Haïti avaient été définitivement altérées. Le système de plantation hérité du régime colonial avait disparu, consacrant la victoire à l'usure de la paysannerie plus intéressée à la petite propriété familiale pour une culture de subsistance. La baisse concomitante des cours du sucre, le régime foncier de métayage qui n'encourageaient ni les nouveaux propriétaires ni les fermiers à faire les efforts d'investissement nécessaires dans l'agriculture, eussent-ils même les moyens !

> « Délaissant les plaines et le système de plantation auquel on tenait opiniâtrement de les soumettre, les paysans défrichaient la zone du piémont qu'ils achevaient d'occuper aux environs des années 1850-1840. À la recherche de terres nouvelles terres, le mouvement de colonisation gagna les terres hautes où l'on voit les premiers résidents s'établir entre 1880-1860, d'abord sur le versant méridional plus ensoleillé, puis sur la façade septentrionale s'y taillant dans un écosystème forestier et caféier généralisé des propriétés de l'ordre de 10 à 20 hectares dont on exploitait surtout le café tout en s'alimentant d'espèces vivrières consistant essentiellement en tubercules ignames et malangas, etc., cultivées en rotation lente sous le couvert boisé. C'est au prix d'une inventivité inlassable dans le renouvellement de ses techniques et de ses règles de vie que cette paysannerie a réussi à se maintenir, par un travail toujours accru, mais aussi par l'aggravation et la détérioration du paysage... »

Du point de vue économique, le sucre ne représentera alors qu'une partie insignifiante de l'exportation. « Les traditions sont perdues, écrivait Schœlcher, la fabrication du sucre est sale, mal combinée. On l'a reprise au point où les colons de St-Domingue l'avaient laissée il y a cinquante ans, sans se donner la peine d'aller étudier aux îles voisines les progrès de la science, les améliorations que le temps avec le travail de l'homme apporte dans toute chose. »

Au cours du XIXe siècle, le café émergeait donc comme le produit le plus important, mais le bois de campêche fera son apparition dans la liste d'exportation. En 1859, Haïti était le quatrième pays exportateur de café derrière le Brésil, Java et Ceylan. L'indigo et la mélasse, exportations majeures du temps de la colonie, avaient disparu.

L'exportation du bois de campêche, insignifiante à l'époque coloniale, fut interdite par l'arrêté du 22 septembre 1804, car selon Dessalines elle invitait à la paresse et favorisait l'abandon des cultures. De plus, le 20 décembre 1808, un impôt territorial de trois gourdes par millier de livres élevé à quatre gourdes et demie par la loi du 5 décembre 1815 n'empêcha pas les expéditions de passer d'une moyenne de 5 millions de livres pour la période de 1827-1829 à 16 millions de livres pour l'année 1830. L'exportation du bois d'acajou prit de l'essor à partir de 1822, s'élevant à une moyenne annuelle de 115 000 pieds pour la période de 1827-1830. La coupe du bois de campêche, '' *l'industrie des fainéants,* '' va ainsi acquérir une place considérable et occuper la deuxième place parmi les exploitations. Quand son café fut détrôné par le Brésil, Haïti devint la reine du campêche.

Haïti ne vivra pratiquement que sur deux produits pour le commerce extérieur : le café et le campêche, avec le coton, le cacao, le bois comme produits secondaires. Le déboisement massif des mornes, l'exportation de bois précieux, le campêche, l'acajou, le pin, prendront la relève du sucre et se poursuivront jusqu'à épuisement pendant tout le XIXe siècle à enlever la couverture forestière, continuant ainsi l'écocide sans merci commencé à Saint-Domingue et préparant le désastre écologique constaté actuellement.

Si Haïti a encore tenu le coup, c'est par le bradage inconsidéré de ses réserves naturelles.

Ne pouvant donc maîtriser la résistance de la masse des cultivateurs, de culture bossale, les nouveaux propriétaires, créoles, ne feront aucun investissement dans les plantations. La loi agraire de Salomon du 26 février 1883 viendra sonner définitivement le glas des ambitions et l'espoir du rétablissement du régime plantationnaire colonial dans l'Haïti indépendante. L'élite haïtienne ne réussira pas sa conversion au *landlordisme* comme elle le souhaitait. Les propriétaires et les généraux de l'armée choisiront alors la rente politique accessible à la rente agricole, hypothétique, sinon impossible. Ils préféreront monopoliser l'armée et l'administration publique pour s'assurer une position stratégique à partir de laquelle il sera possible de récupérer une partie des bénéfices du commerce, soit le surplus généré par le travail paysan.

Le ministre Louis Édouard Pouget admettait que plus de 95 % des recettes accumulées à la Banque Nationale par le gouvernement du 1er octobre 1900 au 31 mars 1911, soit 1 440 827,00 $, provenaient de droits divers sur le café. « La classe en Haïti la plus intéressante, la plus utile à l'État, c'est celle des paysans... n'est-ce pas cette classe qui paye seule l'impôt... tandis que les avocats, les médecins, les rentiers ne payent rien. »

« La pénurie va donner naissance à un ethos de gouvernement qui privilégie la course effrénée aux postes de l'administration publique et aux grades militaires » dit Leslie Péan.

Pour conserver sa position de classe, la bourgeoisie se devait donc de contrôler l'État. De cette gouvernabilité de la misère surgiront des conflits pour l'accaparement des postes lucratifs. « La politique du ventre va devenir le support de la politique politicienne. » « Comme tout le monde ne pouvait pas être servi en même temps, il fallait bien qu'il y eût des « in » et des « out ». Déchirés par l'impatience et l'envie, les « in » et les «out » passaient leur temps à se culbuter les uns les autres des positions que leur apportaient tour à tour les révolutions triomphantes ».

Quand le foin manque à l'écurie, les chevaux se battent !

La misère va engendrer la guerre civile, généraliser et entretenir la corruption. La guerre civile va engendrer la misère alimentée par des haines cristallisées et la rivalité de clans qui vont refaire surface comme le cheval de Troie des luttes pour la conquête du pouvoir. La lutte farouche et constante des « in » et des « out » explique bien des démarches, des prises de position, les trahisons et aussi le despotisme, les assassinats et les exécutions sommaires. Placée dans une position privilégiée de support à la corruption, la prépondérance de l'armée se consolidera, avec l'institutionnalisation de la violence et de la répression. En plus de la rareté de capital et l'absence d'investissements étrangers, la diversion des revenus de l'État se portera vers cette armée, jusqu'à 50 % du budget, et contribuera à aggraver la rareté de capital pour la formation d'une vraie bourgeoisie nationale locale.

On a beau écrire que la bourgeoisie n'avait pas la fibre industrielle, en réalité, elle n'a jamais eu les moyens de ses ambitions. « Y a-t-il vraiment cinquante familles riches en Haïti ? Connaissez- vous dans tout le pays dix hommes dont la fortune est garantie pour dix ans ? » se demandait, au début du siècle le ministre des Finances Louis Édouard Pouget. Dantès Bellegarde écrivait en 1940 : « Je ne crois pas qu'il existe un seul Haïtien ayant un capital net de 100 000 $ » Un ancien ambassadeur français faisait une remarque similaire à Frédéric Marcelin : « Je ne pense pas que dans toute l'île il existe un Haïtien qui possède une liquidité de cent francs, alors que beaucoup de nos cuisiniers en France possèdent pareille somme ». L'exagération de cette affirmation révélait cependant une certaine réalité.

En fait, tout au long du XIXe siècle, la bourgeoisie mercantile en Haïti, celle qui tirait profit de son contact et de ses échanges avec le capitalisme international, celle qui pouvait servir de levier à une accumulation productive dans le pays, celle par qui tout aurait pu commencer, n'était pas haïtienne. Elle était et est demeurée anglaise, française, américaine, américano-syrienne, allemande ou d'une autre nationalité pendant toute la durée de son séjour en Haïti.

Certes, si cette bourgeoisie mercantile entretenait des relations obligées avec la bourgeoisie haïtienne, des relations économiques avec des intermédiaires ou des prête-noms locaux, cachés parfois par des liens de mariage, elle n'a été qu'un corps étranger avec des motivations et des objectifs qui n'étaient pas compatibles, qui étaient même opposés aux intérêts de la collectivité. Elle a fonctionné comme une pompe aspirante qui n'a fait que siphonner vers l'étranger l'avoir haïtien gagné, en plus de ses opérations commerciales légitimes, soit par la spéculation viciée sur les taux de change, par le transfert direct à l'étranger de la monnaie métallique haïtienne, des emprunts, par des pratiques bancaires restrictives parfois frauduleuses, par des réclamations musclées pour dommages suspects à ses propriétés à la suite de conflits qu'elle avait souvent manigancés et entretenus, par des actes de piraterie perpétrés en son nom, venant de son pays d'origine.

Haïti va subir avec la dernière brutalité l'exploitation financière, la politique de la canonnière et les atteintes à sa souveraineté.

En Haïti, l'étranger n'a jamais rompu avec sa patrie d'origine ; il n'a jamais eu non plus le désir de s'implanter et de bâtir en terre haïtienne. Il n'y avait pas vraiment immigré. Sa loyauté se logeait ailleurs, pas en Haïti, et l'excédent de capitaux qu'il avait accumulés n'a pas été transformé localement en capacité productive dont pourrait bénéficier la collectivité.

En Haïti, l'immigrant n'a pas joué le rôle de civilisateur attendu par sa présence. Il n'a pas eu la motivation souhaitée pour servir de vecteur au développement.

Haïti le plus souvent n'était qu'une escale, le temps de s'enrichir pour se rendre ensuite à une autre destination. Que sont devenues les familles allemandes, anglaises, américaines, françaises, juives d'Haïti si présentes dans toutes les villes du pays au XIXe siècle ?

Faut-il seulement blâmer l'instabilité politique chronique dans laquelle elles ont joué parfois un rôle non négligeable d'instigatrices ?

Certains accusent l'article 12 de la constitution de 1806 :

> « Par la mesure qui retirait le droit de posséder la propriété immobilière aux étrangers, nous fermions à leurs capitaux, connaissances et activités, l'un de ces centres, le principal, celui qui en avait le plus besoin, nous enlevions donc à la terre ce qui lui était le plus nécessaire, les capitaux... nous avions tracé à l'étranger son rôle chez nous, travailler et s'en aller ensuite, il l'a fait en employant les moyens les plus expéditifs, les plus certains. »

Le débat reste ouvert. Cependant, à en juger par les critiques sévères dont ces étrangers étaient l'objet de la part de beaucoup de leurs contemporains haïtiens, on peut quand même se demander si après s'être enrichis, ils auraient pu avoir la jouissance et la reconnaissance qu'ils désiraient et s'en satisfaire en pays nègre. Antérieurement, les colons français de Saint-Domingue ne l'avaient pas fait ; leur unique intention avait été d'y faire fortune et de retourner en France jouir de leur argent, marier leur fille avec un fils de noble, et ainsi s'anoblir, *''créoliser ainsi la cour du roi''*. Une preuve évidente près des quatre quarts des noms de famille de cette bourgeoisie mercantile ne se rencontre plus en Haïti. L'héritage colonial leur avait été transmis et ils en ont profité.

Le courant pour le maintien de l'interdiction du droit de propriété était plus fort et est demeuré ainsi jusqu'à l'occupation américaine.

> « La naturalisation d'hommes blancs pourrait, en augmentant nos conditions de prospérité, rendre Haïti plus puissante et plus riche, mais cette terre sur laquelle la population actuelle s'assoit en souveraine ne nous porterait plus que comme les fils déshérités des fondateurs de notre nationalité ; là où nous sommes les premiers, nous tomberions au second rang. »

La bourgeoisie haïtienne, celle des descendants de 1804, était professionnelle, bureaucratique (politique et/ou militaire), très peu foncière avec des rentes qui devaient souvent être complétées avec un supplément « politique », d'où la rivalité de clans, la guerre constante des « out » contre les « in » dont tiraient profit les « exotiques » comme les appelait Léger.

Les possibilités d'épargne et d'accumulation pour cette bourgeoisie haïtienne étaient très restreintes. Il n'y avait pas d'institution de crédit avec de plus, en toile de fond permanente, les aléas et l'insécurité de la politique qui menaçait et ruinait tôt ou tard. Après les évènements du 22 septembre 1880, par exemple, il n'existait plus une seule maison de commerce haïtienne au bord de mer de Port-au-Prince. Le peu qui restait avait disparu dans les flammes et le pillage de la répression.

L'impulsion nécessaire à l'industrialisation n'a jamais eu les moyens et le souffle assez long pour subsister et se multiplier. « Un pays où l'argent est rare, où il se fait payer et où le crédit est à peine connu, ne peut se livrer aux grandes opérations commerciale », constatait Bonneau.

Il n'est pas étonnant de lire cette lamentation dans le journal *l'Œil* dans un article qui a paru dans son numéro du 19 novembre 1887.

> « Nous mettons au défi n'importe quel politicien habile, quelles que soient d'ailleurs ses spécialités, de nous expliquer pourquoi la scierie établie sous l'empereur Soulouque ne fonctionne plus, la savonnerie de Paul instituée sous Geffrard a disparu, la savonnerie Hartz ne fait plus de savon, l'usine Brice au fort Ste-Claire est tombée en désuétude. La glacière artificielle franco-haïtienne chôme, la fonderie nationale ne rapporte pas un centime à l'État. »

Benoit Joachim y ajoute les noms de Lerebours, de Brénor Prophète, d'Émile Nau, d'Edmond Romain, d'Alexandre Delva, de Deetjen, de Panthaléon Guilbaud. Plus récemment, nous ajoutions la Hasco, le Ciment d'Haïti, la Minoterie Nationale, la Beurrerie et la Centrale sucrière des Cayes, les usines d'huiles essentielles de Louis Déjoie et de Thomas Désulmé qui se déclarait *authentique*, mais qui a préféré se relocaliser à la Jamaïque. Chaque génération peut ainsi aligner quelques noms et quelques entreprises qui n'ont pas survécu jusqu'à la période stable de rentabilité assurée, ou qui ont été emportés par la tourmente politique. En plus de cette insécurité politique toujours présente, ces tentatives n'ont pas eu les reins assez solides, par manque de capital et de crédit en présence d'un marché intérieur pauvre et restreint.

Il faut aussi ajouter que depuis Toussaint Louverture, la bourgeoisie nationale haïtienne a toujours été sollicitée à imiter la bourgeoisie mercantile étrangère pour placer elle aussi son épargne à l'étranger quand elle le pouvait, à l'abri des représailles et des conditions sociopolitiques difficiles et incertaines, et avec une possibilité de rentabilité qui n'existait pas localement. Elle a gardé les habitudes de consommation de l'héritage colonial. Elle est friande de produits étrangers, ce qui lui donne l'illusion de sa participation à la civilisation, créant ainsi une dépendance abusive pour l'importation au détriment de l'épargne. Ses habitudes de consommation sont celles de la classe moyenne de pays développés qu'elle imite. Elle utilise ainsi la partie du surplus qu'elle a pu ramasser à des activités non productives, par exemple l'achat continuel de produits de luxe, quelques fois dans la réalisation du voyage rêvé à l'étranger.

> « Une île entourée de millions des meilleurs poissons au monde qui achetait sa morue salée et ses maquereaux de St-John au Nouveau- Brunswick, Canada. Haïti produit le meilleur tabac au monde, mais continuait à importer le tabac de Virginie. Elle importe le porc salé, du corned beef et des barils de blé de Chicago. Aucun de ces produits n'aurait été importé si le pays s'était développé comme il l'aurait pu. »

Au lendemain de l'indépendance, les créoles vainqueurs et bénéficiaires de 1804, devenus classe dirigeante, préoccupés par la formation de l'État, n'ont pas su asseoir une idée nationale au sein de l'agglomération hasardeuse des ethnies africaines diverses, des anciens esclaves, ivres de cette liberté nouvelle, mais encore attachés à la culture et aux traditions ancestrales de leur tribu natale. Il aurait fallu donc inculquer ou imposer, dès le départ, à l'ensemble de cette population une âme commune, une volonté commune pour faire valoir et enrichir ensemble cet héritage qu'il venait collectivement de s'approprier. Le processus d'identification nationale et d'intégration de la population dans la dynamique du pouvoir pour que l'État s'identifie à la nation n'a pas eu lieu.

Cet échec de la formation d'une nation haïtienne homogène est en partie à l'origine des turbulences sociopolitiques qui ont ponctué la vie nationale dès son origine.

Les créoles se sont ainsi progressivement discrédités. Les marqueurs habituels de leur culture bovaryste sont d'ailleurs en train d'être dilués et marginalisés dans le pays. Ils sont ensuite partis massivement vers l'étranger pour provoquer le rachitisme actuel de la classe moyenne qui était en train de se constituer dès le début du XXe siècle. On admet que plus de 80 % des diplômés universitaires haïtiens vivent maintenant en terre étrangère, ce qui va faire foirer et pour longtemps toute possibilité de démocratie et de développement. Il n'y a pas, il n'y aura pas de démocratie sans classe moyenne ! La qualité de la démocratie dépend d'une masse critique de classe moyenne qualifiée, instruite et vigilante pour garantir une stabilité sociale, l'harmonisation nationale et le progrès socioéconomique.

Les racines du sous-développement haïtien sont plus nombreuses que celles qui ont contribué à donner naissance à l'arbre de notre liberté. Le poids des influences externes, rangé parmi les causes dites extrinsèques, a pesé lourdement. Ont-elles été, à elles seules, assez déterminantes pour forger le destin du pays ? Nous laissons le débat ouvert à la discrétion des lecteurs haïtiens, mais aussi à l'appréciation de nos détracteurs impénitents.

Une constatation est certaine : nos pesanteurs culturelles, intrinsèques, héritées du passé esclavagiste d'un monde diversifié avec des attentes et des objectifs différents, souvent contradictoires, s'y sont aussi ajoutées. Le bovarysme de nos élites associé à une vision étriquée de son bien-être par la majorité, coincée dans son lopin de terre, n'a pas pu fusionner pour souder une cohésion sociale. Des pratiques culturelles nocives s'y étaient installées pour proscrire tout échange mutuellement enrichissant avec l'Autre, vont donner naissance à une société où prédominent la peur et la paranoïa, le port d'un masque !

La formation d'une nation haïtienne unifiée porteuse d'un projet national partagé par tous, après l'épopée initiale, a échoué. La classe dirigeante a piteusement failli dans sa mission de leadership. S'il y a eu des tentatives de promotion d'une vision à portée nationale cohérente et progressiste, elles ont été rapidement neutralisées. Une nation ainsi divisée contre elle-même ne pourrait subsister ni progresser. Elle est devenue une proie facile pour les envahisseurs/prédateurs. Elle trône désormais comme le pays le plus pauvre de l'hémisphère occidental.

Haïti, singulier petit pays, périodiquement mis en quarantaine, isolé, occupé pour ce qu'elle représentait dans le temps de défi et de menace, porte-étendard solitaire de l'égalité et de la dignité de l'être humain, de l'abolition de l'esclavage et du droit des peuples de décider eux-mêmes de leur destin.

Singulier petit pays qui a ainsi évolué en partie en vase clos emmuré dans son insularité précaire. Pris par des problèmes existentiels chroniques aux allures insolubles, ne pouvant faire face de façon adéquate à un environnement international hostile, qui ne voulait pas le laisser se montrer, il a développé cependant un exutoire dans la production d'une culture spécifique, unique, riche et variée qui porte à la fois les cicatrices de son quotidien difficile et la splendeur d'un rêve fugace inaccessible.

La culture haïtienne se présente donc avec une production littéraire importante et constante, désormais éclatée dans plusieurs langues, périodiquement récompensée par des prix internationaux, depuis ces origines ! L'auteur des Trois Mousquetaires n'a-t-il pas ses racines dans la terre d'Haïti, qui de son père et de son fils ? La liste est trop longue qu'on ne peut pas les mentionner ! Constatons que les nationaux haïtiens en Occident maintiennent une présence remarquée dans les principales universités et institutions du haut savoir. Jusqu'en 1950, et peut-être même au-delà, Haïti[1] publiait plus d'ouvrages imprimés per capita, que toutes les nations d'Amérique, les États-Unis exceptés, ce qui représente un palmarès tout fait remarquable pour un peuple d'analphabètes. La *lodyans* haïtienne, apparentée à la nouvelle française, est une forme littéraire typiquement haïtienne.

Dans un autre ordre d'idée, Haïti a toujours obtenu que la langue française[2] soit officiellement reconnue comme langue de travail dans toutes les organisations internationales dont elle était membre fondateur. L'Union panaméricaine en 1862, la Société des Nations en 1919, l'Organisation des Nations Unies en 1945, l'organisation des États américains en 1948. Ce palmarès a été souvent accompli en chantre solitaire, comme défenseur de la langue française.

Haïti offre aussi à l'admiration du monde averti une production artistique plastique spécifique étonnamment diversifiée, qui est nourrie et entretenue surtout par la grande masse illettrée, interdite à l'écriture. Au milieu du XXe siècle, l'occident découvrait l'art haïtien et a parlé du *miracle de l'art haïtien*. Il ignorait que Haïti a

---

[1] Cité dans *Haitian Vodou, sprit, myth & reality,* by Patrick Bellegarde-Smith and Claudine Michel, p. 30.

[2] Gesler Jean-Gilles. C'était hier la gloire d'Haïti, Nord-Sud, 2018, p. 272.

une longue histoire de promotion de l'Art qui date dès son origine au début de son indépendance, à l'aube du XIXe siècle, avec Henri Christophe qui ouvrait officiellement une académie pour l'enseignement de dessin et de peinture. Cette tradition qui s'est poursuivie sous les gouvernements successifs de Jean Pierre Boyer, de Faustin Soulouque et de Nicolas Geffrard.

Ce long cheminement devait normalement éclore dans une maturité comme ce fut le cas au XXe siècle, favorisé par la création en 1943 à Port-au-Prince du Centre d'Art. La peinture haïtienne est mondialement reconnue. Elle fait actuellement les délices des collectionneurs privés internationaux et est exposée dans de grands musées.

La contrepartie politique, hélas déplorable, entachée de pesanteurs inhibitrices, entravée aussi par des interventions externes perverses, a été incapable de soutenir un développement économique pour en faire bénéficier sa population.

Ce singulier petit pays est ainsi devenu un échec politique et économique, un paria international, mais un fier succès culturel toujours renouvelé, qui peut encore quand même insuffler une vie à la misère ambiante, qui attend encore la rédemption pour son péché originel.

Pendant combien de temps allons-nous continuer à nous gargariser d'une indépendance chimérique dont les contours se sont estompés avec le temps ?

Table des matières

Structures éditoriales du groupe L'Harmattan

L'Harmattan Italie
Via degli Artisti, 15
10124 Torino
harmattan.italia@gmail.com

L'Harmattan Hongrie
Kossuth l. u. 14-16.
1053 Budapest
harmattan@harmattan.hu

L'Harmattan Sénégal
10 VDN en face Mermoz
BP 45034 Dakar-Fann
senharmattan@gmail.com

L'Harmattan Cameroun
TSINGA/FECAFOOT
BP 11486 Yaoundé
inkoukam@gmail.com

L'Harmattan Burkina Faso
Achille Somé – tengnule@hotmail.fr

L'Harmattan Guinée
Almamya, rue KA 028 OKB Agency
BP 3470 Conakry
harmattanguinee@yahoo.fr

L'Harmattan RDC
185, avenue Nyangwe
Commune de Lingwala – Kinshasa
matangilamusadila@yahoo.fr

L'Harmattan Congo
219, avenue Nelson Mandela
BP 2874 Brazzaville
harmattan.congo@yahoo.fr

L'Harmattan Mali
ACI 2000 - Immeuble Mgr Jean Marie Cisse
Bureau 10
BP 145 Bamako-Mali
mali@harmattan.fr

L'Harmattan Togo
Djidjole – Lomé
Maison Amela
face EPP BATOME
ddamela@aol.com

L'Harmattan Côte d'Ivoire
Résidence Karl – Cité des Arts
Abidjan-Cocody
03 BP 1588 Abidjan
espace_harmattan.ci@hotmail.fr

Nos librairies en France

Librairie internationale
16, rue des Écoles
75005 Paris
librairie.internationale@harmattan.fr
01 40 46 79 11
www.librairieharmattan.com

Librairie des savoirs
21, rue des Écoles
75005 Paris
librairie.sh@harmattan.fr
01 46 34 13 71
www.librairieharmattansh.com

Librairie Le Lucernaire
53, rue Notre-Dame-des-Champs
75006 Paris
librairie@lucernaire.fr
01 42 22 67 13

www.ingramcontent.com/pod-product-compliance
Lightning Source LLC
LaVergne TN
LVHW010931061026
849535LV00007B/2340